李 丽——著

民主与建设出版社
·北京·

图书在版编目（CIP）数据

重生 / 李丽著 . -- 北京 ：民主与建设出版社，2024. 7. --ISBN 978-7-5139-4676-6

Ⅰ. B84—49

中国国家版本馆 CIP 数据核字第 20249RC878 号

重生

CHONGSHENG

著　　者	李　丽
责任编辑	刘树民
装帧设计	尧丽设计
出版发行	民主与建设出版社有限责任公司
电　　话	（010）59417749　59419778
社　　址	北京市海淀区西三环中路 10 号望海楼 E 座 7 层
邮　　编	100142
印　　刷	鸿博睿特（天津）印刷科技有限公司
版　　次	2024 年 7 月第 1 版
印　　次	2024 年 7 月第 1 次印刷
开　　本	880 毫米 × 1230 毫米　1/32
印　　张	7
字　　数	160 千字
书　　号	ISBN 978-7-5139-4676-6
定　　价	49.80 元

注：如有印、装质量问题，请与出版社联系。

前言

亲爱的读者朋友们，当你翻开这本书的那一刻，我想对你说：欢迎来到一场自我疗愈与成长的旅程。在这里，我不仅仅是一位心理咨询师，更是你的心灵伙伴，陪伴你一同面对内心的困惑和挑战，帮助你成为自己的心灵自度者，完成自救，实现自我重生。

作为一名心理咨询师，我见证了太多人在情感困境中挣扎，也见证了太多人通过自我疗愈找到内心的力量。我知道，每个人心中都有一道光，只是有时候我们被阴影所笼罩，无法看清自己的方向。而这本书，就是我为你点亮的一盏灯，指引你走向内心的光明。

我们将一起探讨九个主题：自卑、社交恐惧、高度敏感、焦虑、缺爱、抑郁、情绪失控、原生家庭创伤及讨好型人格。每一个主题都是现代人在快节奏生活中常常遇到的问题，每一个主题都值得我们深入探索和理解。

1. 自卑

首先，我们从自卑的主题开始，探讨如何超越自卑。自卑，如同一个无形的枷锁，束缚着我们的心灵。但是，请你相信，每个人都有自己独特的闪光点，我们无须为了迎合他人的期待而否定自己。通过认识自己的价值，我们可以逐渐摆脱自卑的束缚，活出真实的自己。

2. 社恐

社恐是许多人在现代社会中面临的问题。我们害怕与他人交流，害怕被拒绝和嘲笑。但是，社交是我们生活中不可或缺的一部分。我们需要学会如何与他人建立联系，分享彼此的故事和情感。通过逐渐扩大自己的社交圈子，我们可以发现更多的可能性和机会。

3. 高敏感

你是否常常因为外界的一丝风吹草动而感到内心波澜起伏？你是否对他人的情绪变化格外敏感，甚至因此影响到自己的情绪？高敏感并不是一种弱点，而是一种独特的天赋。我们需要学会与自己的敏感和平共处，将其转化为一种感知世界的美好能力。

4. 讨好型人格

讨好型人格让我们总是迎合他人的期待，忽略了自己的需求和感受。但是，真正的成长是学会说“不”，学会坚持自己的立场和原则。我们需要学会爱自己、尊重自己，才能赢得他人的尊重和爱护。

5. 情绪失控

情绪失控，是我们常常面临的一个问题。我们可能会因为一点儿小事而大发雷霆，或者因为一点儿挫折而陷入绝望。但是，情绪是可以被管理的。我们需要学会如何识别自己的情绪，用合适的方式去表达和释放它们。

6. 原生家庭创伤

原生家庭创伤，是我们在成长过程中难以避免的一部分。或许我们曾经受到过伤害，或许我们曾经背负着沉重的包袱。但是，我们可以选择去疗愈这些创伤，去释放内心的痛苦。当我们勇敢面对过去时，我们也就为未来铺平了道路。

7. 缺爱

缺爱，是许多人心中的痛。我们渴望被关心、被爱，但有时候却感到孤独和无助。但是，请记住，爱是一种能力，我们可以先从爱自己开始。当我们学会爱自己时，我们也就学会了如何去爱他人。

8. 焦虑

焦虑，这个现代人常常挂在嘴边的词，其实是我们内心对未来的不确定感和恐惧。焦虑并不可怕，可怕的是我们被焦虑所控制。我们需要学会如何管理自己的情绪，用积极的心态去面对生活中的挑战。

9. 抑郁

抑郁，是心灵的一场寒冬。当我们陷入抑郁时，整个世界仿佛都失去了色彩。但是，请相信，春天总会到来。我们需要给自己时间和空间去疗愈，去寻找内心的力量。

在这本书中，我不仅会通过专业的心理学知识为你提供参考，还会分享一些名人、心理学家或者热点人物的成长故事。他们或许也曾经历过类似的困境和挑战，但他们最终都找到了自己的方向，实现了自我成长。他们的故事将为你提供启示和力量，帮助你更好地面对自己的问题。

亲爱的朋友，我希望这本书能成为你自我成长的伙伴。愿你在这个旅程中找到内心的力量，实现自我重生。记住，你并不孤单，我们都在成长的路上。让我们一起勇敢地面对挑战，迎接更美好的未来吧！

超越自卑：别让自卑遮挡住你原有的光

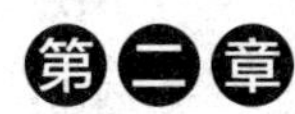

社恐再见：不再怯懦，让自己拥有未来

高敏感是种天赋：把敏感用在让自己舒服的地方

戒掉讨好型人格：把讨好别人的精力用在自己身上

别让情绪失控毁了你：学会驾驭好情绪

走出原生家庭：在过去的伤痛中重建自我

找回缺失的爱：你缺的不是爱，而是爱的能力

克服焦虑：找到属于自己内心的平静

战胜抑郁：一个小小的改变就能放过你自己

第一章

超越自卑：别让自卑遮挡住你原有的光

人人都有“低人一等”的自卑感

> 自卑是人类普遍存在的心理现象，不必为此感到羞耻或自责。

自卑是一种对自我否定，缺乏自信心，无法认同自己的心理表现。在我们的生活中，自卑的影子随处可见。

有的人为自己的身材和外表自卑；有的人为自己的经济能力和社会地位自卑；有的人为自己的学识自卑；有的人为自己的性格自卑；有的人看似很高傲，其实骨子里也是自卑……只要在某一瞬间，你有一种不如人的感觉，那就是自卑。

每个人都很难摆脱自卑感

让我们回到具体的生活细节中，仔细体会一下：

在同学聚会上，你听闻某位同窗事业有成，而你却还在为生计奔波，那种落后于人的自卑感是否瞬间生出?

在与他人交流时，如果对方博学多才、言谈举止得体，而你却感到词穷，那种自愧不如的自卑感是否涌上心头？

我们每个人都很难摆脱自卑感，只不过程度不同罢了。

很显性的自卑者，是比较容易看出来的。他们都有这样的特征：平时说话声音很小，低着头；说话不敢看别人的脸和眼睛；走路很慢；在人群中喜欢缩在角落里；别人分东西时，每次都拿少的那份；害怕别人看到自己出丑，害怕别人看到自己优秀；从来不或者很少拒绝别人……

有些人，看似很自信，甚至透露出一种居高临下的自负感，其实，这只是自卑的另一种表现而已。

有一个来访者来我这里做咨询，她说感觉被周围的同事嫉妒，大家孤立她，和同事搞不好关系，后来一了解才知道她经常在同事面前“无意炫富”。其实，只要打开她的朋友圈，就可以看到些许痕迹：

“人生建议，千万别买别墅，打扫起来真的是太累了！”

“老公给我买了一个香奈儿包包，真的很丑，我很生气……”

“买那么多房子其实带来的烦恼蛮多的，交物业费、装修、催收租金就非常麻烦……”

我问她为何总是这样强调自己的优越感，她说：“我到这里工作，是为了打发无聊的时间，在家里无所事事太没意思了，但是业务上真的比不过其他同事，我也有自卑感……”

尽管自卑与自傲的表现形式是截然相反的，但其实它们属于同一种心理倾向，都是内心的自卑情结被触动时，表现出来的两种截然不同的极端态度。通常情况下，越自卑的人会表现得越自傲。

自卑情绪有不同的表现形式

心理学家阿德勒从小被自卑困扰，一生都在克服自卑，从而成为研究自卑的世界达人。他曾讲述过一个三个孩子初到动物园看狮子的故事。第一个孩子看到狮子后，躲在母亲身后瑟瑟发抖；第二个孩子冲狮子挥舞着拳头；第三个孩子问妈妈："我能不能朝它吐口水？"三个孩子面对狮子时的不同反应，为我们揭示了人类复杂而微妙的心理世界。每个孩子的行为都是他们内心情感的投射，更是自卑情绪的不同表现形式。

第一个孩子，他的瑟瑟发抖不仅是对狮子力量的恐惧，更反映出他对自己无法掌控局面的无力感。这种无力感实际上是对自我价值的否定，他潜意识里认为自己在面对强大的外力时无法自保，这种无助感便是自卑情绪的体现。

第二个孩子挥舞拳头的行为，看似是勇敢和自信，实则是对内心自卑感的掩饰。他试图通过展现自己的强大来对抗内心的恐惧，但这种表面的强大往往建立在脆弱的基础上。他害怕被看穿，害怕别人发现他的不足，因此用愤怒和自负来保护自己。

第三个孩子的反应则更为微妙。他询问母亲是否可以朝狮子吐口水，这看似是一种挑衅和挑战，实则透露出他对未知的困惑和对自我能力的怀疑。他试图通过挑衅来掌控局面，以此来掩盖内心的恐惧和不安。

这三个孩子的反应，都揭示了一个共同的心理现象：人们面对无法应对的问题时，内心往往会产生自卑情绪。这种情绪可能表现为恐惧、愤怒、自负或其他形式，但背后都是对自我价值的怀疑和不安。因此，我们需要认识到，自卑情绪是人类普遍存在的心理现象，不必为此感到羞耻或自责。

自卑感不仅普遍存在，而且会长久地影响着我们每一个人。

自卑感自我们出生就伴随着我们。因为小婴儿需要被大人照顾才能生存，这种缺乏能力的自卑感让人总想快点儿长大。可是即使长大了，作为个体的能力也都是有限的，都有属于自己的强项和弱项。遇到自己的弱项时，容易产生矮人三分的想法，如果不客观全面地看待自己，自卑感就会滋生。

如果父母对孩子的期待过高，在孩子的成长过程中，总是给孩子输入“你这不行”“你怎么那个也不会”“你看看人家某某孩子”等消极暗示，孩子就会把家长的评价内化成自我的评价，从而形成片面的自我概念，也会形成深刻的自卑感。

孩子早期的成长环境也会影响其成年后人格的建立。如果一些孩子在婴幼儿期被家长送到全托幼儿园，或者把孩子托付给他人照看，频繁地更换孩子的成长环境，就容易让孩子产生不安全感，内心产生恐慌和自卑。

接下来，我们重点针对自卑在生活中的典型折射，来深度剖析自卑情结对我们的影响，从而寻找到让我们得以疗愈的自救之路。

改变，从克服“我不配”开始

“我不配”心理会无声无息地搞破坏，侵蚀人的自信、热情及生命的活力，美好的事物也会被我们主动隔绝掉。

精致的都市白领梅梅有一个很深的困扰：她其实明明很喜欢一个男孩，但是，当这个男孩向她表白时，她脱口而出的竟然是“你以为我喜欢你？别自作多情了！”

男孩的自尊受到伤害，愤然离去，留下原地惊诧的梅梅。她对这个无意识的回应充满了懊悔与自责，对男孩充满了留恋和愧疚，更是对自己充满了不解和困惑：我为什么会这样做？我怎么是这样一个人！我明明挺喜欢他的呀，可在他向我表白的那一刻，我竟然落荒而逃，逃之前还捅了人家一刀……为什么我要这样伤害人家？

“了解真实的我，他就不会再喜欢我”

当深入探索自己的内在，体会自己的感受时，梅梅说：“其实我知道自己配不上他，就算他喜欢我，和我在一起，早晚有一天他也会离开我。与其那样，还不如让他感觉我不喜欢他，这样我也不会受伤了。他能向我表白，我很开心，很满足；但是，我又特别害怕这一刻的到来，因为我们的关系到了这样一个高峰，接下来就一定会下降，我受不了他喜欢我，了解真实的我之后又嫌弃我的结果。他比我强大，我只能自私地去伤害他……”

梅梅的外表、家世、经济能力和社会地位，与这个男人相比，并没有什么明显的差距，可是，梅梅这种“我不配”的心理是从何而来的呢？

一个人的情感模式与原生家庭有着千丝万缕的联系，梅梅过去经历了什么呢？

梅梅的父亲在当地有很高的社会地位，但是他与梅梅的母亲关系很不好。原因是当年他们即将结婚时，梅梅的母亲发现梅梅的父亲与其他女人暧昧不清，她到梅梅父亲的单位大闹，梅梅父亲的仕途受到了很大的影响，他被调配到下级单位，在当地的名声也很受影响。

虽然他们最后结了婚，但是梅梅父亲对梅梅母亲的怨恨也伴随终身。

在婚姻里，梅梅的父亲一直有婚外情，梅梅的母亲虽然愤恨，但是没有勇气离婚。梅梅的父亲对梅梅也爱搭不理，却对情人的孩子格外上心。平时和梅梅说话，也总是贬损打击，可能是不喜欢自己的妻子，连同女儿也一同讨厌。梅梅上学的学费及生活开销，父亲没出过一分钱，都是母亲靠自己的辛苦工作独力支持。

了解了梅梅父母的婚姻，就会理解梅梅的情感模式了：因为从小不被父亲喜欢，长期处于被忽视甚至羞辱、打击、贬低的成长环境里，她内在的自我价值感很低。另外，父亲是女儿接触的第一个男人，父亲与女儿的互动模式，在很大程度上影响女儿未来的婚恋情感关系——这个男人深爱我，我才觉得自己是值得被其他男人深爱的；这个男人不喜欢我，我很难相信其他男人会喜欢我。

于是，“我不配”这种心理就种植在了梅梅的心中。她被男人表白时，因为害怕被他以后嫌弃的可能，连爱的享受都不敢开始，就本能地使用攻击对方的方式，来保护自己的自尊。

在心理学中，有一个概念叫“配得感”。而这种自我贬低的心理意识，往往都是因为配得感低。被“不配得感”支配的人，即使外在很优秀，内心也总是在怀疑自己。

受不了别人对自己太好

在咨询工作中，我经常看到很多朋友被“不配得感”支配，在情感中痛苦。

小洁因为男友对她疏离了，不知所措而来咨询。

小洁和男友相处时，男友对她很好，经常送她礼物，还会很贴心地关注她的感受。但这一切，并没有给小洁带来快乐，反而让她产生了很大的压力，她感觉自己承受不起这样的关怀。

为了让愧疚少一些，她和男友吃饭时主动提出AA制；收到男友的礼物时，她很快就会还男友一个价值差不多的礼物。

这样的相处方式让男友感到很不舒服，他说小洁给人一种走不近的疏离感，和自己太见外了，质疑小洁是不是不喜欢自己。最近，他也不怎么主动找小洁了，这让小洁非常慌，她知道自己有问题，可是问题在哪里，她也搞不清楚，反正就是受不了别人对自己太好。

为什么受不了别人对自己太好呢？小洁说自己只是独立惯了，不喜欢占别人便宜。小洁表面上坚强、独立、不依赖，但实际上小洁的内心有着强烈的“不配得感”。

正是这种“不配得感”，让小洁在接受别人的好意时会本能地抗拒，因为她已经习惯“不配拥有”。

这是很危险的内在信念，因为一旦内心有了这样的自我认定，那么就会觉得自己只配拥有不好的人、不好的生活及不好的人生。

“我不配”心理会无声无息地搞破坏，侵蚀人的自信、热情及生命的活力，美好的事物也会被我们主动隔绝掉，潜意识中的“我不配”就会显化成现实，于是，痛苦如你所愿地成了自己的归宿。

这样，怎能好命？

是的，要想好命，配得感要高。你的配得感越高，命就越好。

如何拥有高配得感的人生

那么，怎么才能扭转低配得感的局面，拥有高配得感的人生呢？可以从以下几点着手进行。

1. 理解自己，接纳真实的自己

通常这种心理和我们的过往经历有关系。你可以想一想：幼年时，自己和父母的相处是怎样的？父母的教育给自己带来了哪些影响，使自己形成了这样的人格特点？有没有什么事件也和这样的人格特点有关系？梳理好因果联系之后，理解了自己，也就接纳了自己。这样你就通透了一多半。

2. 不断给自己积极的心理暗示——我值得

如果你从小没有遇到能给自己带来很好的心理建设的抚养人，那你需要自己做自己的理想客体，即学会积极地对自己说话，重塑自己的自尊和自信。积极的自我暗示，可以激发自己的潜力和自信心。你可以在每天的工作和生活中，对自己进行积极的肯定。你也可以找一个合适的心理咨询师做一个好客体慢慢进行过渡。

3. 养成写“成功日记”的习惯

“成功日记”就是记录自己身上的闪光点和成就点。当你不断地看到你自己的美好和成就时，你就会越来越喜欢自己。即使是很小的事情，你都可以为自己骄傲：你为腾不出手的人按了电梯按钮，你很善良；你受到某人指责，你用了温柔的方式回击，他向你道歉了，你很好地保护了自己；你新到一个地方，用送小礼物的方式很快交到了朋友，你情商很高……

你相信什么，就会吸引什么。你相信自己值得世间所有的美好，美好就会朝着你纷至沓来。

总感觉“我不好”，要揪出内心的批评者

如果你内心的批评者时常跳出来，时常把你的自尊碾压成粉末，那是时候面对和处理了！

一个读研三的女孩，在妈妈的陪同下来找我做咨询。女孩看上去面容憔悴，走路时，整个人都有些摇摇晃晃，但是她却无法坐下来，只能在咨询室里来回踱步。

女孩喃喃地说着：“都怪我，都怪我，都怪我自己没规划好时间，都怪我做事情拖延，都怪我在该请教老师时没有及时和老师沟通……我不想咨询了，我还是回去反省……”

原来，女孩当下面临一个特别棘手的问题：已经快到提交论文的时间了，但是她没办法写出来，而且越着急，越无法写出一个字。为此，她整夜整夜地睡不着觉，越休息不好，就越没有精力去思考，论文的完成更成了一个可望而不可即的事情。于是，她陷入了焦虑和抑郁的旋涡中，而回荡在她内心的声音，是对自己无休止的批评……

“孩子从小到大都是非常听话的，没有让我们操什么心，自己考上了一个211的知名大学，可是她自己还不满意。”女孩的妈妈和我补充女孩的情况。

“那个大学算什么，研究生的这个学校也不是我理想的。”

看来，这个女孩对自己的不满意由来已久。

反省是一把双刃剑

女孩和我说，她从小就有一个好习惯，就是每日反省自己，主要是针对自己没有做好的部分，然后不断修正，完善自己。

每日三省吾身，是一种很好的修身美德。但是这种思维习惯也是一把双刃剑。一方面，自我反省可以让我们认识到自己的不足，从而改进自己；但是，过度的自我反省就会让我们沉溺于自我批评和负面情绪中，形成惯性的负面思维，总是看到自己的毛病、缺点，那个病态的批评者的声音总回荡在内心里。

面对镜子里的自己，他会说：“哎呀，太胖了，你该注意节食了！”

被别人纠正的时候，他会说：“你怎么这么笨？这点儿事情都搞错！”

当进入一个陌生的社交环境里时，他会说：“你这么不会说话，很难交到朋友。”

内心有一个这样的批评者，你很难不敏感、不自卑，还没有与外界互动，你就已经陷入了自我内耗。

这种自我抨击、自我批判的声音，可能来源于小时候父母对我们的评价，或者来自过往经历中自己得出的认知，随着我们慢慢长大，逐渐内化为我们性格的一部分。我们可以称它为“内在批评者”。这个内在批评者乐此不疲地诋毁我们的自我价值。但他吹毛求疵、指手画脚的声音却深藏不露，和我们的想法浑然一体，平时我们很难能单独看到他。

我问这个女孩：“你反省的习惯是什么时候开始建立的？”

她说是小学的时候开始的，那次她考试没考进班级前三名，爸爸大发雷霆，骂她没有规划好时间，晚上总是看电视影响了学习，还骂她有问题不及时找老师去问，骂她孤僻，不像别的孩子那样让老师和同学喜欢……然后要她以后每天写反思日记，改善自己的问题。

从那以后，她真的听话开始写反思日记，每天想自己没有做好的三点，然后尽量完善自己。

从此以后，她的内心就住进了一个批评者，他总是盯着她的一举一动，动不动就跳出来对她指手画脚。比如，当她想放松娱乐一会儿时，她没有达到目标时，她让别人不开心时，这个内心的批评者就开始工作了。

我和女孩进行深入的分析之后，她发现自己有很多的自我评价标准，比如：应该永不疲倦地学习，应该让所有的人满意，应该像女明星一样身材苗条又美丽，应该考进全国专业排名第一的大学……

女孩说：“内在的批评者工作时，确实会让我更努力了，但是，大多数时候都是达不到标准的。当达不到时，我就会狠狠地骂自己，所以自己一直很自卑。”

“那你内心的批评者怎么看待你这次论文的事情呢？”我

问她。

“他说我是一个彻头彻尾的失败者。”

旁边的妈妈实在忍不住了，说道：“不是的，闺女，你能考上211大学，我和你爸爸都觉得你很厉害，为你骄傲！后来，你又考上了名牌大学的研究生，你知道我们身边有多少家长羡慕我们，觉得闺女有出息吗？一篇论文能证明什么呢？你从小到大取得了那么多的好成绩，你一直是别人眼中的榜样啊，你怎么可能是个彻头彻尾的失败者呢？”

妈妈的驳斥声让女孩一愣，眼泪随即夺眶而出……

是的，当那个病态的批评者来攻击我们时，我们多希望有一个这样的声音可以勇敢地反驳他，来拯救我们那即将破碎的自尊。

抵御病态的批评者攻击

那么，我们到底该如何做呢？

1. 我们要把他给揪出来

因为他非常隐蔽，与我们的想法混淆在一起，很不容易被发觉。因此，我们最先要做的就是把他给揪出来。你需要特别留意自己的“内心戏”，去觉察自己内心的独白。尤其是在自己犯错时、被人批评之后、被人排斥时等这些自己本身就非常脆弱的时刻，你去听听自己的内心对自己说些什么，是安慰的话，还是批评的话？

2. 把内在的批评者当成一个提示——评价标准有问题

当内在的批评者又开始抨击你时，你可以把他看成是一种提醒和帮助。比如，“我真的是太失败了”这句话开始在你心里反复出现时，你可以去想想：你的心里是不是有一个外界社会或者长辈们施加给你的所谓的“评价标准”？而那个评价标准是别人的，这标准客观吗？是合理的吗？是不可改变的吗？

如此思考，这个内在的批评者就会转化成一个提示，提示你应该调整一下评价标准，不要为难自己了。

3. 养成条件反射性的回应，瓦解他的攻击

如果你的内在批评者总说“你这么无趣，别人不会喜欢你”，或者当你和父母在一起，你总觉得自己做得不够好时，你可以养成一个条件反射性的回应：“你又来了，我看到你了。但是我不会跟你走了。”

当你不再跟随内心批评者的脚步，而是决心走向另一个思维方向时，你一定可以成功拦截内在批评者的攻击。

4. 增加对自己的认可

当成功拦截他之后，你要温柔地对自己说：“我又一次保护了自己，这次我没有让自己受到伤害，我越来越有觉察力了，我越来越能照顾自己了，我越来越有力量了，我越来越棒了！”

重塑内部语言，提升能量级别

> 你的大脑就像一台收音机，让你自卑的内部语言只是其中一个频道。要知道，你是播放不同频道的主人，遥控器就在你自己的手里。

在前两节中，我们分别对“我不配”和“我不好”这两种常见的自卑心理做了深入的分析。在这一节里，我们将导致我们自卑的所有内部语言，比如“我不行”“我不敢”“我不能”“没人爱我”等做一个总结和延伸。

内部语言是导致自卑的魔咒

什么是内部语言呢？就是外人听不到的想法。

我们的内部语言有着不同的情绪背景音乐。就像听轻音乐，我们会越听越放松；而如果听惊悚故事，那就会越听越害怕。

如果我们的内心总是回荡着消极的、令自己自卑的话语，就好像有人在我们的耳边放了一台收音机，播放的每一句话都在刺激我们不断地产生相应的情绪，同时也影响着我们的能量级别。

我有个高中生来访者，一旦面临重点考试，她就会非常恐惧，很多次都发挥失常。有时候，她甚至会选择放弃考试，或者找各种理由临阵脱逃。由于紧张、害怕，她的身体也会在考试前出现一些症状，比如腹泻、头疼，她就会以此为借口，尽量回避重大考试。

当我问她，考试前内心有怎样的活动时，她说感觉自己的内心就像放着一部恐怖电影，有个声音不断地对她说："你会考得很糟糕的，你看你的知识点都没掌握好，成绩出来，老师就会对你失望的。你就会从这个班级被调到更差的班级里，那样你父母得有多伤心。你不行的，还是别考了，虽然没有成绩，但还能保住面子。"

这些声音会在她考试前反反复复地在她耳边播放，导致她越来越自我怀疑，最后不得不放弃了考试。

她被这些内部语言给打败了。

相互冲突的内部语言会造成你的内耗

通常状态下，我们的内部语言并不是只有一种声音，也就是会有两个频道，或者更多的频道来"抢台"。

比如，有一个声音对你说："我可以的，我可以考过的。"这时候就会有另外一个声音对你说："你这不是自欺欺人嘛！明明就是不行，还硬撑，你装什么装啊！"

各种声音交杂在一起，让你处于极度内耗的状态里。如果主流的声音是"我不行，我能力很差"，非主流的声音是"我不甘心这样放弃，我还是想试一试"，经过几次较量，主流声音还是赢了。

就这样，次数多了，主流声音的力量就会越来越大，而非主流声音的力量就会越来越小。于是，你就会变得越来越颓废、沮丧和自卑。

这就很像黑子和白子在棋盘上对弈，有时候黑子占先机，有时候白子占先机。而黑子和白子就是你头脑中的主流声音和非主流声音。

但是，你不要忘了，不管哪一种棋子占领先机，都是你自己——你这个主人在起主导作用。

那你把自己摆在什么位置上呢？是黑子、白子，还是棋手？

当你被自己内在的声音深深影响的时候，说明你把自己摆在了黑子或者白子的位置上。不论你站在哪一方，都无法利用另一方的力量，甚至会对抗它，这就形成了内耗。

那么，如何跳出这种内耗的旋涡呢？

1. 提高涵容力

跳出这场内耗的关键，就是你要跳出棋子的位置，把自己当成棋手，这样一来，你头脑中流动的每一个想法都可以为你所用。

正念疗法中有一种方法，叫作观察法。观察你的想法升起、飘浮、落下，然后再升起、飘浮、落下。在这个过程中，你只要保持静默，不干预、不评判，不阻止也不投入，允许这一切自然发生，自然来去，你只是那个稳稳的棋手。

你将这些不断沉浮的想法和念头都尽收眼底，它们只是棋盘上的棋子，每一个棋子都不值得你倾巢出动。

当你的定力越来越强的时候，你就会发现自己的格局变大了，不会再轻易成为棋盘上的某一个棋子，反而成了它的主人。

2. 关闭情绪电台的干扰

在观察法掌握熟练之后，你就可以调控好自己的内部语言，为自己的情绪电台调频。你要知道，你本人不是那个“收音机”（棋子），你是可以控制收音机的“主人”（棋手）。

你要知道，声音是声音，你是你，有些声音并不是天生就有的，而是在你成长的过程中有人反反复复向你输入，你才对此产生了情绪记忆，从而保留在自己的感知系统中。

当让你自卑的内部声音又一次占据了主流时，你要温柔地告诉自己：“我知道这些想法又来找我了。”这时候，你需要让自己行动起来做一些别的事情。比如，去做一些家务，或者下楼看看植物都可以。行动是打断情绪和想法最快的办法。

学会关闭旧的频道之后，就可以练习打开新的频道了。你的大脑就是一个收音机，想怎么调频，权力掌握在你自己的手中。

3. 多做赋能练习

消极的内部语言会让你处于低能量的自卑陷阱里，你要学会重塑自己的内部语言，逐渐把这些自卑的话转化成赋能式的，这样你的内部语言就逐渐成为照亮自己的光。

每天按照以下清单来对照自己，你一定能找到适合的角度为自己赋能。

（1）看到的事实+品质（树立自信）。

例：亲爱的自己，你今天一上午都在认真读书，你是个追求成长、努力上进的人。

（2）带来成就感的事件+感受引导（感受自我）。

例：亲爱的自己，你出色地完成了工作任务，虽然领导没有夸你，你有些失望，但是你已经很棒了。

（3）事件+感谢（尊重）。

例：亲爱的自己，你忙了一周的工作，周末还要去忙家里的装修，你为这个家付出了很多，谢谢你的付出。

（4）无条件地信任（支持）。

例：亲爱的自己，虽然今天和老公的沟通有点儿不愉快，你有些伤心，但是你可以考虑一下新的沟通方式，我支持你！

自卑不是摆烂的借口，而是变好的开始

自卑难道是绝对不好吗？只是你没有看到它的积极面，更好地善用自卑而已。

“这个我做不了，因为我自卑……”

确实，自卑代表着消极，但是这却成了一些人摆烂的借口，成了可以不努力的理由。这让自卑与自己的糟糕行为形成了因果关系。

尽管自卑是一种自我否定的表现，确实也带有灰色的自我暗示，但这并不代表自卑就没有积极的作用。

自卑是推动人成长的原动力

对于依靠成年人生活的婴幼儿来说，父母在他们的眼中是无所不能的。当他们看到成年人可以处处优于自己，比自己能力强时，他们就会产生自卑感，他们非常想快点儿长大，于是，在成长的道路上，他们学会了走路、说话、写字……渐渐超越了父母。恰恰是

有内在的这种自卑作为驱动力，才让他们不断地自我发展。

阿光是我的高中同学，也是班级中公认的最自卑的人。因为家境贫寒，他一年四季都穿着校服去食堂吃饭，也都是最后一个去，然后选最便宜的菜吃。

后来，他考上了一所大学，据说因为没有学费，他向学校申请了经营校内商店的业务，自己在晚自习和周末经营生意。

因为他高中时就不怎么和大家交流，时间一长，就都断了联系。

转眼20年过去了，班长把大家召集到一起，准备办一场同学聚会。大家都从四面八方的城市赶过来，让人没想到的是，平时觉得最自卑的阿光竟然也来了。

当年许多在班级里活跃的同学，如今被生活磨砺成了一言不发的旁观者。阿光和过去一样，坐在角落里，不出众，也不高谈阔论。

但是，我身边的同学开始小声议论，说阿光现在今非昔比，已经是一个企业家了……听到这消息，大家感到很惊诧。

不一会儿，聚会就到了高潮，每人依次上台讲述自己的现状和理想，还有对目前生活的满意程度。大多数人的现状都不如当年刚考上大学时候的理想，对目前生活感到满意的几乎没有什么人。

轮到阿光上台了，他用不温不火的语气说道："大家知道，我高中时候家里条件不好，很自卑，到了大学，不得不靠在校内做生意来积累学费。我很感谢这个锻炼，让我有了生意头脑，让我学会了和别人沟通交流。大学时，我学的就是市场营销，说实话，我就想赚钱改变我家甚至我家族的贫困。所以我一直努力读书，学习同学身上的优点，我肯吃苦，肯低头，我想不断超越自己，但我发现无论我如何努力也总是无法赶上一些人。我找到一个战胜自卑的理由，同时又会发现一个自卑的借口。就这样，我一直活在自卑里，却也获得源源不断的前进的动力。这样走啊走，一回头，发现自己已经收获了很多。”

阿光的人生感悟令人深思，要想走出自卑的阴影，就需要在更高、更远的地方寻找生命的补偿。自卑又何尝不是推动人不断成长的原动力呢？

接纳自卑，才能超越自卑

或许你会说，像阿光这样的人，即便有很多成就，其内心也不太健康。那我们看看徐峥导演的故事。

徐峥，这位家喻户晓的演员兼导演，曾因标志性的光头而自卑。年轻时，他也曾拥有一头黑发，然而从大二开始，他的头发逐渐脱落，年轻秃顶似乎成了笑柄，徐峥为此备感压抑，甚至用帽子遮掩。

然而，当他决定剃光头发，直面内心的自卑时，他反而获得了前所未有的轻松。

此后，他将全部精力投入演技的磨炼上，最终在话剧界崭露头角，成为上海文艺青年追捧的对象。转战影视后，他更是凭借出色的表现赢得了观众的喜爱。

徐峥在《星空演讲》里说：“承认自己角色当中小丑的一面，就像有勇气承认你生命当中的缺点和不足一样，别人的态度再也不能左右你，你知道自己的初心在哪里。”

像徐峥一样，如果能坦然接纳自己的不足，承认自己的问题，而不是遮遮掩掩，甚至可以拿自己的缺点自嘲，这样更容易被别人接受，自己也就可以更好地超越自卑。

当你做好了一件又一件小事，做成了一件又一件大事时，人们眼里看到的是你的优点，根本就没空管你曾经是否自卑过。

世界上不存在什么完美的人和完美的人格，都是后天蜕变的。所以说，自卑是让你沉沦还是崛起，完全取决于你自己的选择。

第二章

社恐再见：不再怯懦，让自己拥有未来

社恐：当代人的社交新标签

> 社恐，原本是一种心理疾病，为何成为当代的网络流行语，成为很多人的社交新标签？

社恐，即社交恐惧症，原本是一个心理学上的专业术语，指的是个体在社交场合中感到强烈的恐惧和焦虑，从而避免或限制社交活动。然而，近年来，“社恐”这个词逐渐成为流行语，被广大人群使用，尤其是在年轻人中更为普遍。

社恐泛滥是对外向文化的曲折反抗

《中国青年报》曾面向全国大学生开展问卷调查，结果显示，超八成受访者表示自己存在不同程度的社恐，并且77.56%的受访者曾尝试解决自己的社恐。

“社恐”这个词广泛被大家关注，不得不提到一个人，她就是鸟鸟。鸟鸟以其独特的社恐式脱口秀和坚韧不拔的精神在2022年成功出圈。在舞台上，她以平静的语气讲述故事，却能于无声处戳中人们的心。她用丧气的语调、紧紧握住麦克风的双手、不大直视观众的眼睛，构建起一个“全身写满拒绝”的社恐形象。但是，作为脱口秀演员，面对诸多人的关注，她却没有表现出情绪波动，她打破了社恐附带的固有印象——他们不一定是手足无措的局外人，也可能拥有更为细致入微的观察力、更严谨的思维方式、更精练有力的表达。

给自己贴上“社恐”标签，让它泛滥到失去强烈的负面意义，就像对外向文化主流价值观的曲折反抗。

现在的很多人，动不动就开玩笑说自己是社恐，社恐已成为很多人的社交身份新标签和社交的护身符了。

社恐的人真的这么多吗

由于工作的原因，我经常和一些家长打交道，一些家长为孩子的“社交恐惧症”而焦虑，因为：有的孩子和伙伴们拍照时不愿意摘掉口罩；有的孩子总喜欢在家里玩手机，不愿意出门社交；还有的孩子在人多的场合说话就脸红……也常常听到一些成年人在工作场合说自己社恐，不会表达自己；在家族聚会时，有的成年人躲在一边刷视频，戴着耳机，与别人没有任何交集，被人怀疑可能社恐……

在一个网名为“我站在人群中却不属于他们”的留学生在网上倾诉了身为社恐的抓狂经历。

在异乡的跨年聚会上，她受到一个同学的邀请，和很多不熟悉的中国人一起聚会。除了这个同学，其他的人她一个都不认识。大家已经三五成群地聚在一起侃大山了，而她独自坐在一边无所事事，非常尴尬，感觉哪个小圈子都很难融入。

后来要开始吃饭了，她看到桌上有一次性的餐具，她赶紧拿过来给大家发放，终于找到一件可以体现存在感的事情了。可是，邀请她来的同学很热心地过来抢餐具，还很体贴地说："你只要乖乖坐着就好，其他的我来！"

同学哪能了解此刻这些餐具对她如同救命稻草一样的意义啊，所以她紧抓着这些餐具不放手，终于在这场社交中体现了那么一点点参与感。

为了更进一步说明自己社恐的日常生活，这个留学生说："社交并非不重要，但能发文字绝不语音，能一个人待着绝不扎堆。实在要出门，忘带钥匙可以，不带耳机不行。"

"社牛"还是"社恐"

人到了一定年龄，自称社恐都不会有人相信了——无论是主动选择还是被迫成为，大家对于社牛的模仿能力，已经达到了以假乱真、炉火纯青的地步了。只是，其中的无力和心累也只有自己知晓。

就连一上台就光芒四射的社牛刘润和罗永浩，都公开说自己是社恐。

刘润在文章中说：

"在这个外向型的人统治的世界里，太多的社恐，为了生活或者事业，缝上了社牛的外衣。作为一个管理者，你怎么可以不会如何和员工促膝长谈。作为一个创业者，你怎么可以不会在论坛上纵情演讲。你不会？不。你会。"

“是的，我是个社恐。就像很多其他社恐一样。我正在努力融入社牛的世界，虽然还不太成功。很多时候，我看上去傻傻的、笨笨的，甚至笑得僵僵的。但是，我尽力了，恳请你理解。”

有了这些公众人物的推波助澜，社恐作为一种文化流行病，更加蔓延开来，仿佛社交标签只剩下了“社恐”和“社牛”。当然，这样的标签也很容易让自己找到同类，反而可以得到更多人的认同。

但是，真正的社恐是什么样子的?

人均社恐的“社恐”，是真的社恐吗?

在社恐和社牛中间，难道就没有过渡选项吗？这是个非黑即白的问题吗?

也许你只是内向和害羞

内向、害羞与社恐的表现很相似，看上去都是不喜欢和人打交道，但还是有很大不同的。先搞清楚什么是社恐，不要轻易给自己贴标签。

在社牛和社恐中间，难道没有其他过渡选项吗?

与人交往的时候，感到不舒服，也不愿意与其他人亲近，会故意躲避社交，这就是社恐吗?

其实未必，因为你可能只是性格内向，或者有些害羞。由于这三种情况很相似，所以很多人都分辨不清楚，总是把它们混淆在一起。

区分内向、害羞和社恐

内向是一种人格气质，往往会表现为腼腆、安静、保守、喜欢独处、不太合群，于是，很多人往往就把内向等同于社恐。

真正的社恐是会很害怕社交，但是内向者不会因为社交而感觉恐惧或者紧张，甚至会享受社交带来的乐趣。只是内向者更在乎自己的感受，倾向于从自己的感受出发，去判断自己是否主动选择参与社交。

通常内向者更喜欢独处，但是在社交这件事上，他们并不需要克服种种困难与别人建立联系，他们根本不存在社交障碍。

大家常常给内向的人贴上“不善社交”的标签，这让内向的人也这么看待自己，所以才导致内向的人似乎真的更容易有社交恐惧，这是一种消极的暗示作用。

害羞是一种常见的人格特质，有这种特质的人往往躲避社交，因为在与人相处时，他们会感觉尴尬、不舒服，不愿意与人亲近。他们担心自己的缺点被别人看到，虽然内心渴望与人交往，但是不会主动与他人接触。由于担心自己给别人留下不好的印象，会出现脸红、结巴、心跳等表现，虽然这也对生活产生了一定的影响，但是并不像社交恐惧症一样严重。害羞也与内向不同，内向者只是单纯喜欢独处。

“社恐”源自精神病学中的“社交恐惧症”，也被称为“社交焦虑症”。真正的社交恐惧症患者总是担心自己会在他人面前出丑，对社交会感到极度焦虑，会出现心跳加快、口干、出汗、脸红、结巴、轻微颤抖等表现。他们会尽量回避社交的情境，比如说“我累了，不想动”“工作很忙，需要加班……”当勉强来到某个社交情境时，他们会立刻想办法走人，比如说“哎呀，我家狗没遛”“身体有点儿不舒服，我先回家休息了……”如果实在无法离开，那就只好自己玩手机或者喝酒，做点儿自己舒适区之内的事情。

如果说害羞和内向都是正常的人格特质，那社交恐惧症则是病态的，确实需要进行心理干预的。

内向者只是喜欢独处，不害怕社交；害羞者想躲避社交，担心被人看出不自在；社交恐惧症患者则十分害怕社交，与人交往时，会心慌难受，不得不一个人待着。

为了更好地区分这三者，可以参考以下表格中的内容：

内向、害羞与社交恐惧症的区别

区分项目	类别		
	内向	害羞	社交恐惧症
对社交的恐惧程度	不恐惧	轻微恐惧	极度恐惧
对社交的焦虑程度	不焦虑或轻微焦虑	中度焦虑	严重焦虑
对社交的逃避程度	不逃避	中度逃避	频繁逃避
对生活的影响程度	不影响或轻度	中度影响	严重影响

如果你还不能判断自己是不是社恐，我在这里分享一个心理测试题，你可以找一张纸在旁边记录你的答案，来确认一下自己到底是不是社恐。

每道题都有四个答案可以选择：很少或者从不如此，计1分；有时如此，计2分；经常如此，计3分；总是如此，计4分。

以下为题目，请在空白处写下你的答案。

（1）我害怕在重要的人面前讲话。

（2）在别人面前脸红让我很难受。

（3）我害怕参加聚会及一些社交活动。

（4）我常常回避和不认识的人交谈。

（5）我不愿意被别人议论。

（6）我回避任何以我为中心的事情。

（7）我害怕当众讲话。

（8）我不能在别人的注视下做事。

（9）看见陌生人，我就不由自主地发抖、心慌。

（10）我梦见和别人交谈时自己出丑的窘样。

请计算出总分。如果你的分数在10~24分，说明你有轻度的社交恐惧，需要你加以注意；如果你的分数在25~35分，说明你有中度的社交恐惧，要尽快调整心理和做心理咨询；如果你的分数在36~40分，说明你的社交恐惧可能比较严重了，请尽快求助心理医生或精神科医生。

原因探究：为什么你有社交恐惧

造成社交恐惧的原因有很多，你是哪一种？

社恐者之所以害怕社交，是因为担心别人不喜欢自己，怕给别人留下不好的印象。如果不论对方怎么看，都无所谓，自然不会紧张害怕了。

因此，社恐的第一大原因就是社交对象和社交情境。

比如，面对喜欢的异性，你越是喜欢，就越感觉对方好，也就越容易紧张。本来平时说话很流利，这时候可能会结结巴巴、面红耳赤。

又如，你要参加一次重要的面试，是否成功对于你来说非常重要。面试官掌握着“生杀大权”，那你面试时自然会很容易紧张。

其实，只要你留意一下自己是否只对某些人或者某些场合有社交恐惧，留意这个人或这个场合对你有什么特殊的意义，不要把这种感觉泛化。一旦你理解了自己在特定问题上的失态，就不会责备自己，否则，容易造成在其他场景下的社交戒备和警惕，害怕的对象和场景会越来越多。

当然，社交对象和社交情境只是表面的原因，它的背后是性格因素。

胆小、敏感、自尊心强、追求完美主义及控制欲强的人更容易有社交恐惧。

你可能比较谨慎，怕出错；也可能争强好胜，对自己要求很高。你心中常常有这样的信念："我一定要让对方满意。""我的表现很重要。""我不能做不好。"为了一次10分钟的发言，你可能提前准备了好几个小时，不准备充分绝对不愿意开始；你害怕突如其来的社交，感觉毫无准备，就会感到很担心、很焦虑。

很多人内心很敏感，自尊心很强，总觉得自己不够好，很难被别人认可，或者认为别人很难相处，因此会对自己不满意。他们一旦有不完美的表现，比如说错了一个字、声音有点儿颤抖，就担心自己会不会给别人留下不好的印象，于是特别注意自己的表现。而且会特别留意对方的一颦一笑，如果对方皱了一下眉，或者打了个哈欠，他们就会非常警惕，觉得这些动作表示对方有些不满。

在与别人交往时，我们无法掌控对方会怎样。如果你不能认清自己是自己，别人是别人，想要对方按你的要求去表现，那感到不安就很容易理解了。如果你能做到接纳别人与自己的不同，增强自己的广泛适应性，那在社交情境里，你就可以更舒服一些。

社恐的第二个原因是缺乏社交技巧。

有些孩子，从小被父母管教得很严，与左邻右舍也不怎么交往，平时没有机会与人进行深度社交，以致缺乏社交的场景，没有锻炼好社交能力。比如不知道怎么介绍自己、怎么礼貌地插话、怎么倾听和回应，面对别人的赞美和玩笑话，不知道该怎么接，因此在社交场合里常常不知所措。

其实，社交技巧并没有你想的那么重要，只要对别人真心相待，对一般的社交来说就足够了。所以哪怕缺少社交技巧，也不应该成为你不敢社交的阻碍。况且，有些社交技巧也是可以通过学习获取的。

社恐的第三个原因是有过社交失态的经历。

“一朝被蛇咬，十年怕井绳”，一次失态的经历留下的阴影，可能很久都挥散不去。一旦遇到类似的情景，恐惧就会涌上心头。

小林说自己的社恐就是源于一次失败的发言。那是在一次公司会议中，他终于鼓足勇气表达了自己的想法，但是由于紧张，说话变得结巴，有的同事忍不住笑了起来，他感觉更加尴尬。从此之后，他就尽量不发言，能回避就尽量回避。

他说虽然自己也在理智的情况下劝慰自己：一次失败不代表所有都失败，要努力克服。但是，这往往没用，相似的场景一出现，他就会条件反射似的焦虑起来。这是因为我们的身体对已经发生的刺激事件形成了某种特定的反应模式，很难用道理去改变。

那怎么办呢？

你可以在很放松的情况下回想一个你害怕的社交场景。首先深呼吸，感觉一下画面中都有谁，有什么声音，谁在说话，你的身体有什么感受，你有什么样的情绪。不管是什么，都允许它们存在，不要试图控制你的感觉，不管它们是愉快的，还是不舒服的，都顺其自然。

然后继续保持深呼吸，并将注意力放在呼吸上，每做一次深呼吸，都能感觉自己比之前更加放松。如果有什么画面出现，或者有什么情绪产生，都不用管它，你只需要做一件事，就是关注自己的呼吸，保持深呼吸。

用这样的方式练习，渐渐地，就可以淡化过去的反应模式，提升自己对这个社交场景的接受能力。

不要反感社恐，因为它是你的朋友

> 社恐本身就是一种个体防御机制，它能帮我们从过度的压力和焦虑中逃出来，避免想象中“社死”的遭遇。

很多人很把社恐当回事，总想“治疗”它。其实我们可以用多种角度去看待它。

著名小说家卡夫卡曾在日记里吐槽：“所有那些与文学无关的事，我都仇视，交谈使我感到无聊（即使这交谈与文学有关），访问也使我感到无聊，我的亲戚的痛苦和欢乐使我感到无聊，直透心灵深处。交谈夺取了我思考的一切，重要性、严肃和真实。”

卡夫卡没有把自己定义为“社恐”，只是在描述一种日常的心境，并且，在表达对社交的排斥时，还充满了优越感，甚至有些傲慢。

你可能觉得，因为那是牛人，你没法比，你的社恐已经严重影响了你的工作和生活，你必须得摆脱它。但是往往越是想摆脱，它就在你身上彰显得越厉害。

就好比上台讲话，你由于紧张结巴了，身边的人都安慰你说：

“别紧张，别紧张！”但是，你会紧张得更厉害。

想暴力摆脱的人，往往不知道社恐背后的善意：其实它是来保护我们的。因为恐惧而逃避社交，其实是有积极的意义的。

比如，你怕狗，走在路上时，听到前面有狗叫声，你可能还没来得及反应，双脚就已经停住了，做好随时跑开的准备。

恐惧是我们自我保护的本能。当我们意识到有危险时，大脑中的某个区域就像警卫一样，迅速向全身发送警报，自主神经系统会立刻被激活，身体会立即进入全副武装的状态。比如呼吸和心跳加快、肌肉紧张、瞳孔变大等。呼吸加快可以让我们吸入更多的氧气，心跳加快可以让我们的四肢更有力量，瞳孔变大可以让我们扫描到更多的危险信号。

这一系列变化都是“战斗或逃跑”的本能反应，是为了方便我们时刻准备采取行动，要么战胜危险，要么安全撤退。

回到社交中，我们之所以会脸红心慌、手心出汗，其实也是因为身体在启动自我保护的本能。尽管这些反应让我们不舒服，但我们应该心存感激，因为正是有这样的自动反应模式，才一次次保护我们在第一时间脱离危险。

社恐本身就是一种个体防御机制，它能帮我们从过度的压力和焦虑中逃出来，避免想象中“社死”的遭遇。

如果这个防御机制出了问题的话，可能会让我们发生其他更严重的问题。

比如：你本来不想去社交，但是逼着自己去社交，会诱发强迫症；你长期处于令自己不安的社交情境中，慢性紧张会杀死你大脑中的海马体细胞，导致你的记忆力受损；等等。

所以说，你就算选择“逃跑”，也是一种明智的生存策略。

另外，你也别总觉得有恐惧和焦虑是件糟糕的事情。事实上，适度的恐惧和焦虑反而有助于你们表现得更好。比如：你要考试了，因为恐惧考砸，你会提前努力复习；你要面临一个重要的谈话，因为恐惧不能达到你想要的结果，你会提前做好准备；等等。所以说，恐惧和焦虑其实是我们的好朋友。

大家希望自己在社交时没有恐惧和焦虑，这种心情可以理解，可是如果人们真的没有了恐惧和焦虑，一定是件好事吗？

比如：在众人面前，只顾自己不顾别人，滔滔不绝地想什么说什么，随意讲话；或者要参加一场面试，却没有做任何准备；又或者近距离直视一个人，没有一丝不安感。那又会怎样呢？

当然，你的社恐，不是处于适度恐惧和焦虑，而是过度了。但是，就算社恐，难道就不能很好地生活了吗？

在一篇关于社恐的文章后面，有一个读者留言说：“我也是社恐，但是我觉得这没什么。以往当到达一个不熟悉的地方时，我们可能不得不需要向人求助、问路，但现在只需要一个手机APP，一切都能轻松搞定；以往我们搬家时，因为东西太多，需要亲朋好友齐上阵，但现在只需要打一个搬家电话，就能帮我们全部收拾妥帖；有时候不得不需要社交了，也不用面对面，线上交流的方式既方便又快捷；就算我有心理困扰，我也可以免费试用智能机器人来对话；实在感觉孤单了，打开社交APP，随时都能找个人聊起来；即使无人可聊，也可以发个朋友圈、做个点赞互动；如果想学习，也可以在网上找到专业的老师，进行线上学习。相比线下的面对面交流，这些线上的功能和情感支持来得要更快速、更直接。”

这个读者的留言会让很多社恐者感觉轻松。在互联网不断发展和社会分工不断细化的今天，社交的功能在不断弱化，很多过去需要社交才能得到的帮助，现在动动手指就可以得到，还不用承受人情交换带来的负累。不得不承认，现在我们生活上的很多社交的需求，其实也正在慢慢减少。

因此，如果你社恐，那就社恐好了。坦然接受自己的社恐，有助于保持你内心的幸福与和谐。

其实，理解自己的社恐，接受自己的社恐，像对待朋友一样对待它，恰恰是走出社恐的第一步。

这里需要明确一点：接纳不等于忍受。

有的人了解到要接纳自己的社恐，于是咬紧牙关，坚持社交。这虽然看起来是比较积极的方式，但其实也是一种逃避。尽管在行动上没有逃避，但还是在与自己的感受做斗争，拼命想让它离开。这是忍受，不是接纳。

那到底什么是接纳呢？

有一个朋友，眉心中间长了一颗黑痣，她觉得不好看，想把它去除，但是又担心伤了眼睛，一直举棋不定。这让她烦心。这就是忍受。有一天，她顿悟，觉得算了，不如把它作为自己独特的标志。这样一想，就觉得它似乎也没有那么丑，自然就不去关注它了。就这样，她的心结打开了，这就是接纳。

带着对恐惧的接纳去社交，就是允许自己恐惧，觉得没关系，顺其自然就好。要记住，你的恐惧的反应是出于本能，不要因此批评自己。在感到痛苦的时候能够接受这种痛苦，把它视为自己的一部分，就能更自在地参与社交，也能更充分地享受自己的生活。

社恐的你也可以成为会沟通的达人

找到适合自己的舒适区，掌握一些社交技巧，其实社恐的你，也一样可以成为会沟通的达人。

接纳自己的社恐，不等于就老死不见人，从此与世隔绝了，你也要具备一定的线下社交技能，在偶尔需要的时候，能够适度走出来，完成必要的线下社交活动。

虽然习惯性逃避会让你有躲过“一劫”的短暂的轻松和欣喜，但同时又有非常强烈的自卑和孤独。内心渴望与别人接触，但又觉得自己很𡲢。

那么，是否可以找到中间地带，让自己处于社交舒适区呢？如果多掌握一些社交技巧，提升社交能力，是否就更能从容地应对社交场合呢?

1. 寻找自己的社交舒适区

要知道，总有一些社交场合是让你享受其中的。比如，我们在谈论自己感兴趣的事情或者与熟悉的人相处时，就不会觉得尴尬，反而还会滔滔不绝地发表自己的意见，与人相谈甚欢，不想结束话题。

因此，只有找到自己的社交舒适区，才能在社交中发挥出自己的最佳状态，不再害怕社交。

那么，怎么找到自己的社交舒适区呢？

你可以想一想：你对哪些社交活动比较感兴趣？在哪些社交活动中，你的表现可圈可点？请你将自己经历过的社交场景、这些场景的特别之处以及你想要体验的其他场景思考一下。

首先，你可以想想：同行交流、兴趣小组活动、旅游、运动等这些社交场景有你喜欢的吗？你喜欢的场景会增加你的兴趣。

其次，想一想：这些场景的特别之处是什么呢？是学到了知识，开阔了视野，还是提升了思维能力，能认识兴趣相似的朋友？你可以想想对自己都有哪些好处。

最后，想一想：你想要去体验的场景还有哪些？你可以列出想要参加的社交活动的特征，并且可以在网络上寻找类似的活动。如果实在找不到，你也可以组织志同道合的人进行活动，也许对活动的热情可以抵消你对社交的恐惧，能激发你性格中外向的一面。

你把以上三个部分写下来之后，相信你就会对自己能发挥最佳状态的社交场景一目了然了。

2. 找个社交帮手

如果你担心独自参加一些社交活动会有些尴尬，可以找一个社交能力强的帮手，这样可以辅助你处理一些社交问题。当谈及某个问题时，他能很快地做出反应，激发你多做表达，补充你未能表达出来的部分，或者帮你建立谈话框架，又或者在别人面前表达对你的认可，让别人更好地了解你。

与那些追求热闹氛围的外向朋友不同，过度内向的朋友更关注所要传达的信息本身。为了确保能准确地表达出自己的想法，他们在对一件事发表看法时会字斟句酌，十分认真地对待每一次的交流，而这种谨慎可能会被误解为拘束、冷漠。

如果有相对外向的社交朋友，就可以很好地在社交场合避免误解，这样就可以让自己处于社交的舒适区，轻松地面对社交。

3. 提前准备，储足能量

对于要出席一些大型的社交活动，如果做足准备，社恐者也能获得比较优异的表现。

比如：社恐比较严重的罗永浩，经常能自如地出现在各大讲座、发布会、直播场合，将观众逗得哄堂大笑；希望人际关系简单化的科大讯飞董事长刘庆峰，在各种公开场合，也能轻松地和各种各样的人打交道。

大多数的社恐者都是偏内向的人。对内向的人来说，社交活动是消耗能量的过程。因此，在社交前，要优先保证自己储备的能量能够支撑一场高质量社交活动的消耗。在精力和心理上，都要有足够的准备才行。尽量保证前一天晚上有足够的睡眠，睡好了，精力充沛了，就有足够的精神应对第二天的社交了。在关键社交活动前不安排其他社交活动，让自己的心理处于对关键社交活动的期待期而不是疲倦期。

在参加每一场面对面的社交活动之前，至少提前做好下面的准备：

（1）了解出席活动的主要人员，分析他们主要的期待和兴趣点。

（2）根据出席人员的期待和兴趣点，提前准备好交流的素材。比如对方感兴趣的风土人情、八卦故事、体育赛事等。

（3）如果有足够的时间，你还可以提前试讲下自己准备好的内容。

你准备得越充分，对将进行的社交活动的控制感就越强，也就越容易抑制内心的恐惧。

4. 知己知彼，融洽社交

在社交中，如果了解彼此的人格类型，选择适合双方的社交方式，就可以从容面对交往的过程。所以，社恐者首先要搞清楚沟通的对象是偏外向还是偏内向的。

内向者喜欢深入地思考、探讨某个话题，那么你在与其交流时，就可以将重点放在一件事情上，与其进行纵向、深入的交谈。只要一个话题聊得透彻，内向者便会觉得和你沟通很愉快。

外向者更喜欢热烈的社交氛围，一旦场面突然安静，他们便会觉得不自在，更容易感到不安。所以，在与他们交流时，话题不断才算是一场成功的社交。当然，这对于社交恐惧症患者来说是很难的，但是你可以用自己的真诚让对方放轻松。比如，告诉对方："我很喜欢跟你待在一起，我的话本来就不多，所以你不要多想。"

当然，不论是与内向者还是与外向者相处，长时间沉默都是不可取的，你还要掌握一些闲聊的技巧，从而使你们的交谈氛围不沉闷。

一句简单的话会引起对方的长篇大论，如果你可以将聊天话题引到一条有趣的轨道上，那么对方就会沿着这条轨道行驶，给你们带来一场愉快的交流体验。如果你也害怕社交，不知道该如何参与社交，不妨学一学下面的聊天金句，可以帮助你顺畅地接话，并开启下一话题。

“为什么啊？怎么会这样呢？”

“说起来，我也经历过类似的事情……”

“这是怎么一回事呢？”

“听说你……给我说一说这件事吧！”

“这件事对你现在的生活有什么影响吗？”

总之，了解彼此的人格类型，用自己习惯的、对方也觉得舒服的方式参与社交，才会实现社交双赢。

第 三 章

高敏感是种天赋：把敏感用在让自己舒服的地方

如何判断自己是不是高敏感者

总有一些人比其他人更加敏感和细腻。他们可能对外界的刺激有着更强烈的反应，对细微的变化也能洞察无遗。

在人群中，总有一些人比其他人更加敏感和细腻。他们可能对外界的刺激有着更强烈的反应，对细微的变化也能洞察无遗。这些人被称为“高敏感者”。那么，如何判断自己是否属于这一特殊群体呢?

高敏感者的特征

首先，高敏感者往往有着超乎寻常的感知能力。他们对外界的声音、气味、光影等刺激异常敏锐。例如，在一个嘈杂的聚会中，他们可能会觉得噪声刺耳难耐，而其他人却毫无感觉。又如，他们能嗅到别人难以察觉的微弱气味，对光线的变化也格外敏感。这些超常的感知能力，常常让高敏感者在日常生活中感到不适。

其次，高敏感者的情绪容易波动。他们往往对事物有着更强烈的情感体验，无论是喜怒哀乐都比常人更为深刻。别人一句无心的话语、一个细微的举动，都可能触动他们的心弦，引发他们强烈的情绪反应。这种情绪波动不仅影响他们的心情，还可能对他们的生理健康产生不良影响。

此外，高敏感者还往往具有丰富的内心世界和深度思考的能力。他们对生活中的点滴细节都能产生深刻的联想和思考。这种深入反刍的思维方式，使得他们对事物的理解更加深入和透彻。然而，这种过度的思考有时也会让他们陷入无尽的忧虑和困扰之中。

为了更科学地判断自己是否属于高度敏感者，我们可以参考心理学家伊莱恩·阿伦和雅瑟·阿伦提出的“DOES”标准。这一标准包括深入反刍（Deep Processing）、刺激过载（Overstimulation）、情绪反应（Emotional Reactivity）和细节感知（Sensitive to Subtle Stimuli）四个方面。如果你在这四个方面都有明显的表现，那么你很可能就是一个高敏感者。

具体来说，深入反刍指的是对事物进行深入的思考和分析，甚至达到过度思考的程度；刺激过载则是指对外界刺激的反应过于强烈，容易感到疲惫和不适；情绪反应则表现为情绪波动大，容易受到他人言行的影响；而细节感知则是对细微的变化和刺激有着超乎寻常的敏锐度。

除了以上判断标准外，我们还可以从日常生活中的一些表现来辅助判断。例如，高敏感者往往对噪声、强光等刺激有强烈的反感；他们可能更喜欢独处，以避免过多的社交刺激；同时，他们也可能对批评和指责格外敏感，容易受到伤害。

值得注意的是，高敏感并非一种疾病或缺陷，而是一种独特的人格特质。尽管这种特质可能给高敏感者带来一些困扰和挑战，但同时也赋予了他们独特的优势和天赋。例如：他们往往具有更强的同理心和洞察力，能够更深入地理解他人的感受和需求；他们的思考也更加深入和透彻，能够洞察事物的本质和规律。

然而，高敏感者也常常面临误解和偏见。由于他们的反应和情感体验与常人不同，因此容易被视为“矫情”“脆弱”“不合群”。这种误解不仅让高敏感者感到孤独和无助，还可能影响他们的心理健康和社交。

因此，如果你是一个高敏感者，首先要学会接纳自己的特质，然后找到合适的应对方式就好。

善待自己的高敏感特质

首先，接受并认识自己的敏感性是很重要的。不要试图去抗拒或改变它，而是要学会利用它。你的敏感性可能会让你在人际交往中更加善解人意，或者在艺术创作和审美方面有着独特的见解。

其次，学会设立个人边界。高敏感者往往容易受到他人情绪的影响，因此需要学会在必要时保护自己，避免过度承载他人的情绪和压力。

最后，寻找适合自己的应对策略。比如，定期进行冥想、练瑜伽等，以使自己身心舒畅，在面对刺激时能保持冷静。

如果你身边有高敏感者，也请给予他们更多的理解和支持，尊重他们的感受和需求，避免无意中触碰他们的敏感点；同时也要鼓励他们发挥自己的优势和天赋，为他们提供更多的机会和平台。

比如，我的同事刘涛作为一个高敏感者，在社交场合中常常感到疲惫和不适。他选择通过留言和发信息的方式来沟通，以避免直接的言语交流带来的压力。这并不意味着他孤僻或不合群，而是他在努力适应自己的特质并寻求最佳的沟通方式。

高敏感者的大脑的结构和功能与常人有所不同，这为他们的敏感特质提供了生理基础。多项研究表明，高敏感者的大脑在涉及意识、感觉信息整合及社交关系处理的区域活动更为活跃。此外，他们的多巴胺调制和受体系统也存在差异，这可能与他们的敏感性和情绪波动有关。更有趣的是，高度敏感这一特质还具有一定的遗传性，这意味着它可能在一定程度上是由基因决定的。

了解了这些之后，我们不难理解为什么高敏感者在面对日常生活中的种种刺激时，会有如此强烈的反应。他们的大脑结构和功能使得他们对外界的刺激更加敏感，而这也意味着他们需要更多的时间和精力来适应和处理这些信息。

总的来说，高度敏感并不是一种疾病或弱点，而是一种独特的天赋。了解和接纳自己的这一特质，你可以学会如何更好地与之共处，并发挥出自己的优势。

高敏感者的四种独特天赋

高敏感者往往能够发现那些常人容易忽视的美好，并从中汲取灵感，展现出独特的创造力。

高敏感并非弱点，反而蕴含着深沉而柔和的力量。高敏感者无须刻意掩藏或改变自己的特质，因为这种特质本身就是一种难得的天赋。接纳并深入了解自己的敏感，尝试找到最和谐的相处之道，你可能会惊讶地发现，这份敏感正是你独特力量的源泉。

下面，让我们一起探索高敏感者所隐藏的天赋。

1. 高敏感者共情能力更强，能够与他人建立深层次的关系

高敏感者在人际交往中拥有一种特殊的魔力——强大的共情能力。他们能轻易地捕捉到他人的情绪和需求，就如同拥有一种超自然的感知力。这种深刻的共情，使得他们成为别人眼中的知心人。

想象一下，在人群中，一个微妙的表情变化、一个不经意的动作，都可能成为高敏感者洞察他人内心的线索。就像在一个模拟咨询的练习中，阿英虽然极力隐藏自己的失落，但仍旧被一位敏感的女同学捕捉到了。一句简单的安慰，就像是一缕春风，瞬间吹散了阿英心头的阴霾。这就是高敏感者的力量，他们的共情不是停留在表面，而是能够深入骨髓，真正理解他人的感受。

高敏感者的这种天赋在其童年时期就已初露端倪。他们或许不是班级里最出色的学生，也不是最受欢迎的孩子，但总有那么几个朋友，愿意向他们敞开心扉，吐露心声。因为高敏感者总能给出最贴心的回应，哪怕只是倾听，也能给对方带来莫大的慰藉。

长大后，这种能力更是成为他们的职业优势。在需要与人打交道的工作中，他们总能迅速与对方建立信任，深入了解他们的需求，从而提供更为精准的服务。在团队中，他们也是不可或缺的协调者，能够洞察每个成员的想法和需求，促进团队的和谐与高效。

当然，高敏感者也需要学会保护自己，避免过度的情感投入给自己造成伤害。高敏感者应该学会在共情与自我保护之间找到平衡，这样才能更好地运用自己的天赋，成为人际交往中的佼佼者。

有句话说得好："成为火，点亮黑暗，但不要烧尽自己。"

2. 高敏感者比其他人更加深思熟虑，可以更好地规避风险

在面对选择或变化时，高敏感者往往展现出与众不同的决策方式。他们不会因一时的冲动或热情而盲目行动，而是选择深思熟虑，仔细权衡每一个可能的后果。

以购物为例，普通人看到喜欢的商品会立即购买，而高敏感者则会考虑得更多：这件商品是否真的适合我？我是否已经有了类似的物品？购买这件商品会给我带来长期的价值吗？

再比如，当面临职业选择时，高敏感者不仅会考虑薪资和职位，还会深入思考这份工作是否与自己的价值观相符、是否有利于个人的长远发展等。

这种深思熟虑的决策方式，虽然在某些情况下可能让高敏感者显得犹豫不决，但实际上却为他们规避了许多潜在的风险。因为高敏感者更能够预见到各种可能的问题和挑战，从而提前做好准备。

因此，高敏感并不仅仅是一种性格特质，更是一种宝贵的决策工具，可以帮助人们在复杂的世界中更加明智和审慎地前行。

3. 高敏感者具有对细微事物的深度感知力与非凡创造力

高敏感者对细微事物有着超乎寻常的感知力。他们往往能够发现那些常人容易忽视的美好，并从中汲取灵感，展现出独特的创造力。这种深度感知不仅限于视觉上的细微差别，还包括声音、气味、触感等多方面的感知。

以绘画为例，高敏感者往往能够捕捉到光影的微妙变化，从而在画布上呈现出更加生动的场景。他们对色彩的敏感度也更强，能够准确地调配出符合心境的颜色，使画面更加富有感染力。这种深度感知还体现在音乐创作中。敏感的音乐家能够捕捉到生活中的各种声音，将其融入音乐中，创作出富有生活气息的作品。

除了艺术创作，高敏感者在科学领域也能展现出非凡的创造力。例如，牛顿就是一个内心敏感的人。他从苹果落地的现象中敏锐地捕捉到了万有引力的奥秘，从而提出了万有引力定律。这种将看似无关的事物联系在一起的能力，正是敏感所带来的创造力。

对于敏感的人来说，这种深度感知力和创造力不仅限于专业领域，更渗透到日常生活的方方面面。他们可能在与朋友的闲聊中突然迸发出灵感，或者在独自漫步时发现新的视角和观点。这种随时随地都能发现美的能力，使他们的生活更加丰富多彩。

高敏感者或许可尝试绘画、艺术、设计等相关职业，这类创造型工作能发挥其深度感知力和非凡创造力的天赋。

若你非创造型职业者，也可尝试记录日常想法，时常翻阅思考，灌溉这些思想的“种子”，或能结出有益之果。无论是用于工作还是发展为兴趣，都能为生活增色添彩。总之，高敏感者的天赋可广泛运用于各行各业，为生活带来惊喜。

4. 高敏感者拥有比其他人更为丰富的内在世界

高敏感者的想象力和情感都更加细腻，这使得他们的内心世界五彩斑斓，充满了无限可能。独自一人时，高敏感者很少感到孤独无聊。他们能够沉浸在自己的内心世界中，享受那种静谧而充实的时光。他们不需要依靠外界的刺激来获得快乐，相反，他们更享受那种由内而外的自由和宁静。

这种丰富的内在世界也使得高敏感者在面对生活中的挑战时能够更加从容不迫。例如，当面临失业或退休等生活变故时，他们能够以积极的心态去面对，甚至将这些变故视为难得的机会，去创造新的自我。

所以，别将你的天赋视作负担，更别只聚焦于它的负面，而忽视了它所带来的美好与惊喜。相反，你应积极挖掘并充分利用这份天赋。要知道，敏感而细腻的力量，往往超越我们的想象，具有无比的深度和广度。因此，以更积极、更肯定的态度去拥抱并发挥你的天赋吧，它可能会带给你意想不到的成就与满足。

学会在敏感与内耗之间找到平衡

高敏感者的情绪像是一片波澜壮阔的海洋，稍有风吹草动，便能激起千层浪花。一句无心的话语、一个微小的动作，都可能触动他们的心弦。

上一节我们提到，高敏感者拥有超乎寻常的感知能力。在喧嚣的聚会中，他们可能会因为嘈杂的声音而感到不适；在人群中，他们能嗅到别人难以察觉的微弱气味。这种敏感让他们在生活中时常感到困扰，但同时也赋予了他们独特的天赋。

他们的情绪像是一片波澜壮阔的海洋，稍有风吹草动，便能激起千层浪花。一句无心的话语、一个微小的动作，都可能触动他们的心弦。这种情绪波动不仅影响他们的日常心情，更可能对他们的生理健康造成影响。

然而，正是这种深入骨髓的敏感，让高敏感者拥有了丰富的内心世界和深刻的思考能力。他们对生活中的点滴细节都能产生深刻的联想，这种思考方式让他们对事物的理解更加深入和透彻。但过度的思考有时也会让他们陷入无尽的忧虑之中。

那么，高敏感者如何在敏感与内耗之间找到平衡呢？

1. 积累自己的“快乐账户”

高敏感者容易被小事影响情绪，但同样，一点微小的快乐也能让他们感到兴奋和满足。因此，他们可以在生活中多储存一些快乐的记忆，比如：将平时得到的肯定和赞赏存下来，在沮丧的时候拿出来回味；或者储备几个能谈心的朋友，在失落的时候聚会聊天，分享心情。这样，他们就能不断地为自己提供力量，对抗敏感所带来的内耗。

2. 学会从他人关注转换到自我关注

高敏感者往往把他人的看法放在比自己的感受更高的位置，以致让自己承受过大的压力。因此，他们需要时刻问自己：我的感受如何？在社交过程中，我是否感到舒服和自如？这样可以帮助他们降低心理负担，避免无谓的内耗。

大伟决定不再做一个在办公室里默默忍受的人。他首先选择向他的同事桦庆表达。桦庆打电话时的高音量对他产生了不小的干扰。这个问题已经让他辗转反侧了好几个晚上，预想了各种可能的结果。他担心桦庆会愤怒，甚至可能一气之下跑到经理办公室要求将他调到别处。

一整个早上，大伟都心神不宁，试图找个机会与桦庆沟通，但每次都没有成功。午休时间，他选择了出去走走，理清自己的思绪。

回到办公室后，他鼓足勇气，向桦庆表达了自己的困扰。他的心怦怦跳得厉害，尽管他努力保持镇定，却仍不敢抬头看桦庆的反应。那一刻，时间仿佛停滞了。然而，桦庆的反应却出乎他的预料，桦庆温和地说："你应该早点儿告诉我的，不过还是谢谢你现在说出来。"这个结果比大伟预想的要好得多。

经过这次沟通，大伟发现自己对桦庆的印象更好了，他觉得桦庆对他的看法也有所改观。从那以后，他们开始更多地交流彼此的想法。

这次经历给了大伟很大的信心。所以，他回到住处后，也坦诚地告诉了他的室友刚子，他晚上突然开灯的习惯影响到了自己的休息。

在新的环境中，大伟学会了坦诚地表达自己的想法和需求，他发现这不仅能解决问题，还能加深人与人之间的理解和尊重。他决定以后都要勇敢地为自己发声，不再委曲求全。这样一来，他的内耗状态有了极大的改变。

3. 需要觉察并减少无谓的反刍

当独自一人或无所事事时，高敏感者的思维容易漫游到各种负面的回忆中，导致身心俱疲。因此，他们需要自主地、有意识地引导自己的思维，不让它成为脱缰的野马。比如：可以转移注意力，把思绪集中到当前的问题上；或者刻意去回想一些快乐的记忆；还可以立刻行动起来去做一些需要动手、动脑的事情，让自己忙碌起来。这样可以减少很多无谓的烦恼和内耗。

4. 保持灵活的心态

高敏感者在成长的过程中会被灌输很多规则和信念，这些规则和信念会形成一套固定模式。然而，这些模式往往会束缚他们的思想和行为，导致他们生活得步履维艰。因此，他们需要抛开这些所谓的“规则”，把生活看作是一个闯关升级的游戏，只关注自己的成长、底线和原则。这样可以降低一切内外源刺激对他们的影响，让他们能够保持更好的状态去真正地做自己。

5. 储备自己的能量仓

由于经常遭受情绪起伏，高敏感者很容易陷入情绪过载和疲劳里面，感觉什么都不想干。这个时候就需要一些正向的激励和反馈来帮助他们恢复动力。他们可以从技能、社交和精神活动三个方面来储备能量。比如：完成一个艰难的任务后得到的认可和赞赏；有几个可以倾诉的好友；参加一些能结识新朋友的活动或者圈子；还可以找到一些能获得愉悦感的精神活动，如看小说、看电影等。这样多渠道的能量储备可以让他们在面对困难和挑战时更加从容不迫。

值得注意的是，由于高敏感者对外界的刺激反应更为强烈，因此他们可能会经常体验到各种情绪，如果处理不好，也是极大的自我消耗。因此，高敏感者首先要学会观察自己的情绪，并接受这些情绪的存在，而不是试图抵制或忽视它们。

6. 多掌握一些放松技巧来缓解紧张和压力

例如，深呼吸、冥想或渐进性肌肉松弛法等都是非常有效的放松方法。这些方法可以帮助他们平静下来，并减轻情绪的强度。

无须担心，高敏感者虽然容易想得多，但只要找对方法就能停止内耗，将敏感转化为自己的优势。在这个过程中，他们不仅可以更好地应对生活中的挑战和压力，还能发现自己的潜力和价值，创造出更加精彩的人生。

面对冲突，高敏感者该如何有效处理

如果我们能跟对方内心的脆弱情感进行沟通，就可以传递能量，帮助对方治愈。

高敏感者在面对冲突时，常常会产生强烈的愤怒情绪。这种愤怒，如同即将爆裂的气球，充满了力量与破坏性。我家先生就曾这样形容我生气时的样子：“仿佛一只发怒的狮子，可怕到他不敢承认那是我。”确实，当我们敏感的人生气时，那种愤怒足以毁灭一切美好。

愤怒之下，高敏感者的判断力容易变得非黑即白，失去了对他人的共情能力。而愤怒过后，高敏感者又常常会陷入深深的自责和内疚中，因为我们在意冲突对他人造成的伤害。这种内心的刺痛，可能会让我们长时间无法从一次小的争吵中走出来。

为了避免这种双重伤害，高敏感者在面对冲突时，往往会选择远离或退缩。这并不是因为我们胆小，而是因为我们想要避免冲突带来的更深层次的伤害。即使在冲突中，我们也常常会因为顾虑太多而被迫妥协。

那么，我们遇到冲突时，该如何合理地处理呢？

1. 从冲突中迅速抽身，让自己冷静下来是关键

作为一名心理咨询师，我深知夫妻争吵中的紧张与激烈。当敏感的人陷入冲突时，愤怒的能量会异常强烈，甚至可能会失控。因此，掌握一种有效的缓解冲突的策略至关重要。

当争吵即将达到无法承受的程度时，给自己按下“暂停键”是一种明智的选择。这一策略不仅能帮助我们从紧张的氛围中迅速抽身，还能为彼此创造一个冷静的空间。

在我的生活中，我也实践了这一策略。当和先生的争吵即将升级时，我会果断地说：“停！”并做出暂停的手势。这不仅是一个简单的信号，更是一种自我保护和对对方的尊重。

在冷静下来之后，我们会发现，原先的愤怒已经消散，而清晰的头脑也回来了。这时，我们可以再次聚焦到引发争吵的问题上，而不是被情绪牵着鼻子走。这种处理方式不仅有助于解决当下的问题，还能为未来的争吵提供一种有效的应对模式。

因此，从冲突中迅速抽身并让自己冷静，是一种智慧，也是一种必要的自我保护。

2. 利用我们的敏感天赋去共情

愤怒往往只是人们保护自己的盔甲，愤怒之下隐藏着许多其他脆弱的情感。作为高敏感者，我们擅长去感知这些隐藏的情感。如果我们能跟对方内心的脆弱情感进行沟通，就可以传递能量，帮助对方治愈。以下是一个工作中的真实案例，展示了高敏感者如何利用敏感天赋去共情，进而化解潜在的冲突。

刘涛在全员冲业绩的紧要关头，注意到一个团队成员在工位上大声抱怨。

“为什么要下架产品？我们怎么跟客户解释？”那位同事边说边挥舞着手机，声音大到影响了周围的同事。

刘涛走过去，轻声提醒道：“请注意一下你的音量，大家都在工作。”

但那位同事似乎没听见，继续他的抱怨。刘涛深吸一口气，决定采用共情的方法。

他把那位同事带到一旁，用平和的语气问：“你看起来不太开心，是不是遇到什么问题了？”

同事初时抗拒，但刘涛的耐心和温和似乎打动了他。他吐露了心声：“我这个月的目标可能完不成了，产品下架，客户退款……我不想拖团队后腿。”

刘涛听后，把双手放在他的肩膀上，说：“别担心，我们一起想办法解决。我先去联系渠道，看看能不能恢复产品上架。大家会理解你的，我们是一个团队。”

事情很快得到了解决，而这场潜在的冲突也因为刘涛的共情和反思得以避免。

这个案例说明，在面对冲突时，我们需要做的不是指责对方，而是去理解对方愤怒的原因，去感知那些被愤怒掩盖的脆弱情感和需求。

通过共情，我们可以更好地了解对方的立场和需求，从而找到双方都能接受的解决方案。这样，我们不仅能够化解冲突，还能在职场中建立起更加和谐的人际关系。

3. 以更为明确的表达来联结彼此的关系

感到不舒服时，找到一条折中处理的黄金准则是必要的。我们应该认真观察，勇于表达，并讲出自己感知到的信息，而不是指责对方或责怪自己。明确的表达有助于两个人之间关系的联结，使交流更加顺畅。

例如，在交流中可以使用一些中性陈述语来表达自己的需求，比如：

“如果可以，我希望你对我说话友善一点儿。”

“我更看重我们彼此能遵守最初约定好的时间。”

“我想要三明治而不是肉包。”

“我希望你对我的方案提出建设性意见而不是全盘否定。”

这样明确的表达有助于减少误解和冲突。

事实也往往是，我们越能明确地表达自己，这段关系也会越深入。

当然，我们也需要警惕不健康的人际关系，特别是那些擅长PUA的人。他们会抓住我们敏感的短处进行操控。在这种情况下，我们不仅要谨慎地使用自己的共情天赋，还要为自己设置边界，并要求对方停止这种行为。

总的来说，作为高敏感者，在面对冲突时，我们需要学会控制自己的愤怒情绪，利用共情天赋去理解他人，明确表达自己的需求以及警惕不健康的人际关系。通过这些方法，我们可以更好地处理冲突并保护自己不受伤害。

当然，这些方法并不是一蹴而就的，需要我们不断地实践和反思。在处理冲突的过程中，我们还可以寻求外部的支持和帮助。

与朋友、家人或专业人士分享自己的感受和困惑，听取他们的建议和经验分享，有助于我们更好地应对冲突并找到适合自己的解决方法。

最重要的是，我们要学会接受自己的敏感特质并善待自己。敏感并不是弱点或缺陷，而是一种独特的天赋和优势。当我们学会用正确的方式处理冲突并保护自己的敏感心灵时，我们就能更好地发挥自己的潜力并拥有更加美好的生活。

根据独特的敏感需求，创建适合自己的生活

只有当你真正关爱自己的身体并与之建立深厚的联系时，你才能在生活中保持平衡和和谐，才能更好地理解自己、关爱自己，并走向更加健康、快乐的生活。

接受自己为敏感型人，或许会带来一段情绪的低谷，因为我们曾渴望变得坚韧，不轻易被触动。但现在，我们需要给予自己一些疗愈的时间，去平复因放下这种渴望而产生的失落感。

然而，每扇关闭的门后都有一扇开启的窗。当我们停止追求与他人相似的强大与自信时，我们反而可以开始拥抱自己内在的柔弱，根据自己的敏感特质去塑造生活。慢慢地，我们会发现，即便在繁忙与冷漠的世界中，我们依然能够找寻到快乐与满足，无须背负过多的压力。敏感的人，一旦意识到能够主宰自己的生活环境，他们将能更加自如地适应这个世界。

既然我们的大脑如此敏感而独特，那就不妨由此尝试创建只对自己胃口的生活吧！

1. 做些“无用的事”，为身心充电

在这个信息爆炸的时代，我们时常感到被无尽的信息和刺激淹没。当这种压力达到一定程度时，我们往往渴望躺在床上，用被子捂住头，逃避到梦境中去。但长时间的逃避，实则是将宝贵的生命浪费在无尽的睡眠上。虽然睡眠对于缺乏休息的人来说是必需的，但它并不能从根本上解决由过度刺激引发的问题。

敏感的人更深有体会，带着满脑子的信息和混乱入睡，常常导致夜不能寐。因此，入睡前，内心保持平静变得尤为重要。丽娜的做法为我们提供了一个参考：通过写作或绘画来为一天画上句号，帮助内心恢复宁静，进而获得安稳的睡眠。

当大脑受到过多的刺激时，我们需要给予它处理这些信息的时间和空间。这就是所谓的“无目的行动时间”。在这段时间里，我们不必追求效率或成果，而是让大脑自然地处理、整合信息，让神经系统得到放松和恢复。

在这段时间里，你可以选择做些看似无用的事，如洗碗、散步或进行轻度运动。这些活动看似简单，但它们实际上为大脑提供了一个宝贵的缓冲期，帮助它消化和处理日常的信息过载。

此外，白天的小憩也是一个有效的充电方式，但要注意控制时间，避免进入深度睡眠，以免影响夜间的睡眠质量。

正是这些看似无用的事，实则是在为身心充电，以更好地应对生活的挑战。

2. 善待自己的身体，与之友好相处

许多高敏感者深知与身体的亲密关系对于调整自身状态的重要性。高敏感者发现，水这一生命之源能为他们带来无比的舒适和放松。无论是轻轻触碰水面，还是在水中畅游，都能让他们感受到一种深深的安宁。水，对他们而言，不仅仅是一种物质，更是一种治愈的力量。

凡凡是高敏感者，她特别疼爱自己。周末时，她会在浴缸中倒入牛奶，撒上红玫瑰花瓣，滴入芳香精油，然后听着心爱的音乐，闭上眼睛，享受泡澡的时光。这短暂的沐浴时间是她在繁忙工作和照顾三岁宝宝之余的宝贵放松时刻。如果没有这段时间，她会感到无力应对生活的压力。这场沐浴是她的秘密疗愈法，让她在短时间内如王后般尊崇。水的抚慰、温度的烘托和香味的缭绕让她忘却一切烦恼。通过沐浴，她完成了疗愈和能量的补给，从而能够重新面对生活中的琐碎。

除了沐浴，我们还可以通过其他方式与身体进行交流。运动是一个非常好的选择。你感到紧张或受到过度刺激时，可以尝试进行一些简单的运动，如跑步、跳舞或练瑜伽。这些运动不仅可以帮助你释放压力，还能增强你的身体素质和协调能力。

26岁的刘波感到社交压力过大时，会选择通过运动来舒缓自己的紧张情绪。他有时甚至就在起居室的地板上进行一些简单的运动。这些运动不仅增强了他身体的协调性，还使他的身体更加强壮。刘波清楚地认识到，这样的运动并非浪费时间，而是在投资自己的健康，提升自己应对压力的能力。

与自己的身体友好相处需要时间和耐心。请记住，只有当你真正关爱自己的身体并与之建立深厚的联系时，你才能在生活中保持平衡与和谐，才能更好地理解自己、关爱自己，并走向更加健康、快乐的生活。

3. 勇敢表达自己，降低外界刺激的不良影响

当我们选择沉默，只是被动地接受信息时，我们的内心可能会渐渐地被外界的声音淹没，精力也会迅速耗尽。而勇敢地表达自己，却能够为我们筑起一道防线，降低日常外界刺激的负面影响。

艾米曾是一个习惯倾听的人，在与朋友、同事的交谈中，她总是那个默默的听众。但随着时间的推移，她发现自己越来越疲惫，甚至开始对工作和生活失去了热情。后来，艾米决定改变，她开始更勇敢地表达自己的想法和感受。无论是在团队会议上提出自己的见解，还是在朋友聚会上分享自己的经历，她都发现这样做不仅能让她更真实地活着，还能有效地抵御外界刺激。

另外，像日记、艺术等方式，也为许多敏感者提供了一个自由表达的平台。所以，不要害怕发声，勇敢地表达自己，这样我们才能更好地保护自己，抵御那些不必要的刺激。

4. 学会移情，将注意力转移到其他念头上

学会移情是摆脱消极思维和无尽纠结的关键。对于那些常常陷入灰暗想法和自责情绪的人来说，这一技巧尤为重要。当你意识到自己的思维被负面想法占据，且这些想法只会带来无谓的忧虑，并无实际益处时，就是时候学会转移注意力了。

举个例子，假设你晚上独自在家，突然听到一阵怪声，你的大脑可能立刻开始编织各种恐怖的场景。这时，移情的能力就显得尤为重要。你可以尝试将注意力从这些令人不安的想象中转移开，比如想一想白天发生的趣事，或者计划一下第二天的活动。通过这样做，你不仅能够平复紧张的情绪，还能避免进一步的纠结和恐惧。

5. 如实向亲友坦陈诉求和感受

向身边亲友坦陈诉求和感受，对于高敏感者来说尤为重要。我们不必过分强调自己的敏感特质，而是应直接表达需求和感受。这样做可以使亲友更好地理解我们。例如，当感到疲惫时，你可以直接告诉亲友："我需要休息一下，因为太多的刺激让我感到不适。"

就像我的一位咨询者英华，她从安排妈妈的来访时间开始设定与他人的交往界限，她学会了坦诚地表达自己的需求。最初，妈妈或许不解，但随着时间的推移，妈妈已经接纳并习惯了她的方式。

通过坦诚沟通，我们不仅能获得更多的理解，还能勇敢地做自己。

6. 与同类型的人共度时光

对于高敏感者来说，与同类型的人共度时光，能够产生深深的解脱感。在一个专为高敏感者设计的培训课上，我亲眼见证了这种力量的影响。当有人勇敢地分享自己的敏感特质和因此带来的困扰时，其他人仿佛找到了共鸣，也开始敞开心扉。这种共鸣让他们感到不再孤单，不再需要为自己的敏感而感到羞耻。与同类型的人在一起，他们开始接纳自己的缺陷，释放内心的压抑，从而获得了真正的解脱。这种经历让他们更加自信地面对生活，勇敢地做自己。

生活有万般可能，找到滋养自己的那些可能，也就找到了属于自己的真爱世界。

第四章

戒掉讨好型人格：把讨好别人的精力用在自己身上

重他人轻自己，讨好型人格的“取悦症”

为他人着想和自我牺牲之间有一条细微的界限，这让我们不知不觉成为讨好他人的人。

我的一个来访者因为不知是否要与恋爱对象相处下去而困扰。她说自己是个比较内向的人，而对方非常强势，在相处过程中总让她感觉不舒服。我让她举一举具体的例子，她说：“我和他相处没多久，他就非要我去他家见他的家人，我本来不想去的，但是他非常坚持，没办法，我只能去了，但是我又不太会说话，感觉非常尴尬。我外出去办事，他非要来接我回家。结果我事情处理一半，他就给我打电话，说没有地方停车。我和朋友的事情还没谈完，就只好出去找他，和他回家。在回家的路上，我感觉很生气，可是我不知道是气他还是气我自己。”

从这个来访者的表述中可以看到，她在与男朋友相处的过程中，都在以对方的感受和想法为先。即使自己的感受不好，或者想法和对方不一致，她还是放弃了自己，顺从了对方，然后自己感觉憋屈。这种不良的感觉压抑得时间长了，就会变得精疲力竭，最后，就想干脆放弃关系。

重他人，轻自己，这就是讨好型人格的典型表现。如果不从关系中自我觉察，发现自己的讨好型特点，那么，即使在其他关系里，也一样会是自我消耗和疲惫不堪，又怎么能获得自己想要的幸福呢?

你是不是讨好型人格

讨好型人格也称为“取悦症”“圣母型人格”“拖累症”，不同的心理学家对讨好型人格的特征有不同的表述。如果你并不确定自己是否属于讨好型人格，可以参照以下十点表现来对比一下。

1. 以他人的意见为先

在与他人相处中，为了避免引发争论，会先隐藏自己的观点，同意对方的想法，从而改变了一部分真实的自己。

2. 为他人的情绪负责

觉得别人的悲喜都和自己有关系。尤其是当别人情绪不好时，总想做点儿什么。请记住，你的确有能力让他人高兴或难过，但他们也可以选择控制自己的情绪。

3. 害怕冲突

无论跟谁产生冲突，都下意识地想要逃离。哪怕错不在你，是对方伤害了你，你也会逃避。为了避免冲突，你宁可委屈自己，放弃自己的利益。

4. 尽力避免争论

有些人能从冲突和激烈的讨论中得到成长。而讨好型人格的人则会尽力避免争论，因为他们无法坚持自己的观点。即使被要求发表意见，也只会说出对方想听的答案，而不会表达自己真实的想法，因为他们担心别人会对自己不满。

5. 在亲密关系中处于低位

在亲密关系中，讨好型人格的人会不知不觉处于低位状态。为了迎合伴侣，会乱了方寸。伴侣站在高处，俯视着你；而你站在低位，卑微讨好，丢掉尊严。

6. 会掩饰自己受伤的感觉

有时候，当有人说“对不起，我冒犯到你了吗？”时，你可能会一笑而过，说：“没有。”但其实即便是一条不起眼的评论或一个微不足道的动作都会让你深感不安。

7. 总是忽略自己的需求

哪怕很期待，也会担心对方，把想说的话藏在心里。在家庭中，照顾到了每一个人，唯独忽略了自己。

8. 没有勇气拒绝

面对别人提出的要求，没有拒绝的勇气。担心拒绝对方之后，对方就会讨厌自己；但是，每次无奈满足完对方的需求后，都会感到非常委屈。当你答应他人做自己不想做的事情时，实际上是把自己对生活的控制权交给了他人。

9. 自卑感强烈，价值感低

讨好型人普遍存在自卑的心理，容易自我怀疑、自我否定。需要定期获得他人的赞美，以此才能确认自我价值。

10. 很难找到空闲的时间

重度的讨好型人格会有什么表现？一个明显的迹象是你发现你

找不到任何属于自己的时间。需要对每个人说“可以”，意味着你的时间都在忙于满足他人的需求。

对以上十个表现的认同程度决定了你的讨好型人格的轻重程度。有些人可能认同其中的一些表现，有些人则可能会对这十个表现的肯定答案产生强烈的共鸣。总之，我们每个人的脑子里都住着讨好型人格，只是每个人的轻重程度不同而已。

讨好者更容易失去关系

你如果发现自己是讨好型人格，那必须做出调整。因为讨好型人格不但不会让你获得尊重，还会让爱你的人也疲惫不堪，想要远离你。

小芳不清楚为什么自己对老公那么好，他却想和自己离婚。

小芳是一个非常会照顾老公的温柔女人，比如：老公爱睡懒觉，她就每天起床做早饭；即使被老公的二手烟呛到，但还是会陪他一起玩游戏……

小芳觉得自己这样迁就和照顾老公，会换来老公对自己的喜欢和珍惜，却没有想到老公的感受是窒息。

小芳的老公对这个关系的感受是：“你随口一句，她都无比认真对待；她不发脾气，但委屈道歉的样子让人看得难受；你永远在接受她的好，却不知道她真正喜欢什么，她就像自己的影子，自己好像在和一个没有灵魂的人工智能生活。这样的相处，真的很累……”

讨好，不仅会让人在关系中失去尊重，甚至会失去关系，自我损耗也是极其严重的。当你竭尽所能讨好他人的行为已经影响到自己的情绪时，讨好型人格就已经演变成一种有害的疾病。

生活中的琐事就会让你精疲力竭。比如，和朋友一起吃饭，朋友喜欢吃辣，而你不喜欢吃辣，最后你选择了一起吃辣，整个用餐过程对你来说都是很痛苦的。如果遇到大事，比如你是否需要迁就伴侣而换一个城市，你的一次次迁就，会一点点吞噬你的快乐。

你总想帮助别人解决他们的问题，你的时间和精力就都会被占据。当身边的人不断地找你处理各种问题，并总把你卷入你不想参与的事件中时，你就会深受其害。

你背负着太多的责任，却孤立无援，你会沮丧而愤怒，会容易陷入抑郁。长期的自我压抑还会导致生理功能紊乱，典型的症状有胃肠道不适、头晕、头痛等。

怎么就变成了一个讨好者

探究导致自己形成讨好型人格的根本原因，并非要指责谁或让谁来承担责任，而是为了更好地观察自己的内心世界，把这些当作改变讨好型人格前的准备工作。

关于讨好型人格的成因，心理学家们归纳了不同的可能，但他们都不约而同地把根源指向了原生家庭。

1. 父母的情感缺失

大多数拥有讨好型人格特质的人，儿时都缺少父母无条件的爱——无论事实如何，他们总觉得只有自己做些什么特别的事情，父母才会疼爱他们。这往往导致他们长大成人后将此思维延伸，需要不断地从外界获得反馈，才能确认自己是值得被爱的。

同事们去聚餐，却没有人喊小迪，小迪又一次陷入了职场的人际困境：大家难道都很讨厌我吗？明明是我每天帮大家买早餐；同事遇到问题，我都主动去帮助，即使下班了，有人请求帮忙我也会加班完成；我还经常主动给大家买零食吃……为什么我的这些真心，我这样一个好人，却换不来别人的喜欢，竟然一起吃饭都不叫我？我有那么糟糕吗？我真的这么令人不喜欢吗？

小迪越想越沮丧，开始无休止地自我怀疑起来。她开始想到小时候，父母把自己长年放在奶奶家，没人管、没人问的情景，那种被人忽略、被人遗弃的熟悉感又一次涌上小迪的心头……

的确，讨好型人格的形成与童年时期的人际关系密切相关。

比如，当父母因为在异地工作或长时间工作而不能陪在孩子身边时，孩子就会错失与父母建立更深层次联系的机会，就没有机会探索和表达自己的情感，进而导致情感的缺失。

小迪就是典型的留守儿童。她的父母为了给家人提供更好的物质生活，不得已多年在大城市打工，她直到上了初中才和父母生活在一起。而这时候，妈妈又病得很厉害，全家人都围绕着妈妈和疾病做斗争，经常往返医院，也没有人能顾及小迪的感受和需要。

小迪从小就很乖，她能敏锐地捕捉到奶奶的需要，宁可把好吃的留给奶奶，自己也坚决不吃一口。当获得奶奶的夸奖时，小迪会觉得很心安、很快乐。和父母生活在一起后，她就开始成了妈妈情绪的照顾者，她想办法减轻妈妈的压力和精神负担，妈妈的神态、表情牵动着她的神经，所以，她一直被称为“小大人”，很小就知道为他人着想。

2. 父母的过度控制

父母过度控制，对子女过于苛刻，那么孩子就可能形成讨好型人格。这是因为孩子为了获得父母的认可和避免惩罚，会不断迎合父母的要求，从而逐渐失去了自我和独立性。

值得一提的是：父母为了子女过度牺牲自己，也会容易造成另一种控制，这种控制更为隐蔽。比如：

父母自己舍不得吃穿，把好东西都留给孩子；

父母忍受破裂的婚姻关系，想要给孩子一个完整的家；

尤其是妈妈，为了养育孩子，缩减自己学习、工作、娱乐的时间，甚至辞掉工作，到处陪读，自己的生活完全丧失，一切围着孩子转……

甚至有的妈妈说："我这辈子就是为了孩子而活的，我是用我整个生命去对待我的孩子的……"

哲学家罗素在《幸福之路》中写道："凡是自我牺牲的父母，往往对孩子极端自私，会从感情上掌控孩子，过分的牵挂往往是占有欲的伪装。"

自我牺牲式的父母，长时间把精力放在孩子身上，忽视了对自己的关注和思考，内心往往处于一种匮乏的状态，以致容易走进过度养育、过度控制的误区：把对人生的期待和目标都寄托在孩子身上，把自己的需求当作孩子的需求。

当孩子"不听话"、有不同的想法或者表现没有达到自己的期望时，这样的父母的内心就会生出不满和抱怨，对孩子进行"情感绑架"：

"我成天累死累活的，你就考这么点儿分，对得起我吗？"

"要不是为了你，我早就和你爸离婚了。"

"当初要不是为了照顾你，我就去……了。"

在这种养育模式下，孩子处在愧疚和自责中，深感亏欠太多，逐渐为父母放弃了自己的想法。渐渐地，他们不清楚自己的价值观和追求，因此无法独立地做出决策。为了获得他人的认可，他们可能会不断地迎合他人的要求和期望。

3. 父母的情绪不稳

父母喜怒无常，比如上一秒还充满爱意，下一秒就变得愤怒或咄咄逼人。在这样的环境中长大的孩子，可能会认为喜怒无常是正常的，孩子很早便能学会如何观察父母的情绪，继而调整自己的行为以适应父母的需要。他们不遗余力地保持内心的平静，并努力让父母因自己而感到自豪。这类孩子表现出良好的品行并不是因为这么做是对的，而是他们想让他人开心。

所以，你要花一些时间去探究导致自己形成讨好型人格的根本原因，这样做并非要指责谁或让谁来承担责任，而是为了更好地观察自己的内心世界，把这些当作改变讨好型人格前的准备工作。

了解“我是谁”，把缺失的自我找回来

> 如果我们不了解“我是谁”，我们就不是一个完整的人，更不会在必要的情况下，去维护自己的感受和利益。

当我们认识到自己的讨好型人格特点之后，也知道了成因主要来源于原生家庭的影响，那么，我们接下来该如何调整自我，在认为自己对的时候，可以据理力争，而不是不敢表达自己的看法和情绪；能够克服懦弱，不害怕别人是否因为自己而生气，不再为别人的情绪背负责任，偶尔自己也可以任性，能够做到畅快淋漓地表达自己的态度呢？

讨好型人格的人往往过度关注他人的需求和期望，而忽视了自己的感受和需求。为了能够做自己，首先我们需要了解自己是谁。我们在善待别人的过程中迷失了自我，如果对自我的认知是模糊的，就不晓得该如何做一些对自己有益的事情，更不会知道具体在哪方面对自己进行保护和疼爱。

☀ 自我评价

我们可以先玩一个小游戏。请你找一面镜子，盯着镜子里的自己，写出你对自己的看法。

如果我猜得没错，你会发现你只会专注于自己目前的特征，比如："我的鼻子太塌了。""我脸上长了好多色斑。""我肚子上的肉太多了。"如果是这种情况，请你立刻停止这个游戏，你需要重新再来。

对于总是关注自己负面特征的朋友，你需要换用新的游戏规则，才能继续玩这个游戏。也就是当你发现自己的一个负面特征时，后面必须跟着一个积极的描述。比如："我的鼻子太塌了，但是还很有福相。""我脸上长了好多色斑，但是还挺可爱的。""我肚子上的肉太多了，但是脂肪也是在保护我。"

当你开始认识真实的自己时，你可能一会儿感觉很糟糕，一会儿又感觉很好。希望你不要带着任何压力，也不要草率敷衍，这会是一个了不起的经历。需要提醒你的一点是：不要陷入只看到自己负面特征的陷阱，这是你需要觉察的。一旦陷入这个陷阱，你就要对自己说："这不是客观、全面的，因为人都是有优点的！"

如果你不知道怎么去写，这里也可以给你提供一些参考，便于你更好地认识自己。

回想过去，你感觉最开心的时候是做什么？

想想你做什么事情时，感觉最安心，处于稳定的情绪状态？

思考一下自己的软实力，就是你个人的特征是什么：你是一个很好的倾听者吗？你是否特别细心和贴心？你具有幽默感吗？你做事的时候，是否很专注？你是不是个很有想法的人？

再想想自己的硬实力：你的生存本领是什么？你喜欢唱歌、朗诵、写诗、跳舞、写毛笔字、研究植物吗？你爱好中医吗？你擅长使用什么工具？

你一直以来很想尝试的新事物是什么？就算过去尝试过，如果有兴趣就可以再次尝试。

不用别人鼓励你就能主动去做的事情，大概率就是你喜欢并且擅长的事情。当然，让你兴奋的事情你也不一定都擅长，但是这些事情会让你的生活变得快乐。讨好型人格的人特别喜欢帮助别人，但是，当热爱变成自己的责任时，就会助长自己讨好型人格的形成。

他人评价

自己认识自己是很有限的，也不是很全面。除了自我认识，我们还可以从身边的亲戚朋友那里获得一些对自己的反馈。虽然这样的询问会使自己有点儿不好意思，但是讨好型人格的人必须做一些改变，适当允许自己处于别人的关注之下。别人的视角可能会弥补我们的一些注意力盲区，通常，周围人给你的反馈可能比你自己的认知更加乐观。

也许，周围人给你的更多的是积极的反馈，你很可能不相信这样的反馈，因为你更多时候对自己的认知并不是这么好，但请你千万不要过度进行分析，只是借鉴一下。要知道，人就像钻石一样，会有很多面，你只需要了解更多的面就可以。既不必否定，也不用诚惶诚恐，别人眼中的自己，也是自我的一部分。

当你越来越了解自己时，你会更清晰自己和生活中的美好事物和自身的问题，并会产生想改变和解决自身问题的冲动。

这时候，你就可以把所有罗列的项目分出几个方面来：一个是你喜欢的方面，一个是你心态上需要调整、改变的方面，一个是需要探索的新事物。这就是属于你的个性化清单，也是帮助你增加自我价值感的指导线索。

正视自己的行为模式和思维模式

在整体了解了自我之后，我们要重点针对“讨好”这个行为模式做更深一步的自我了解。相信这是你最想改变和调整的地方。

针对改变讨好这个模式，你需要进一步留意自己的行为和思维模式。记录下自己在不同情境下的反应，尤其是让自己感觉不舒服的反应，思考为何会做出这样的反应。

通过反思和自我观察，你可以逐渐认识到自己的讨好行为模式及其背后的原因，你也可能会认识到自己的边界、底线在哪里。不断地确认之后，你才有可能在未来学会保护自己的利益和感受。

讨好型人格的人往往缺乏自我价值感，因此容易依赖他人的认可来证明自己的价值。要想摆脱这种依赖，可以养成写“成功日记”的习惯，关注和记录自己的优点和成就，培养自己的自信心和自尊心。

讨好型人格的人往往压抑自己的感受以迎合他人。要想正确认识自己，需要学会正视并表达自己的感受。可以尝试在安全的环境中，如与朋友或心理咨询师交流时，表达自己的真实感受。

当你越来越清晰地认识自己，知道自己的特点、优势和能力，也越来越了解自己的局限性时，你就可以在人际关系中进行进一步的突破，从而建立更健康、更平衡的人际关系。

设定健康的边界，保持平衡舒适的关系

> 你有责任告知别人如何来爱你，在别人不小心侵犯你的边界时，你也要学会合理地说“不”。尊重别人的同时，别忘了尊重你自己。

人际交往中需要健康的边界，这会赋予我们安全与自由。

在真正舒适的关系中，我们并不需要抹去彼此之间的界限，而是要熟知彼此，却不逾矩，保持恰到好处的边界感。

边界是空间的分隔物，既可以隔离物理空间，也可以区分自己和他人的情绪、价值观。健康的边界可以对外表明你可以接受的事情，并且让其他人知道你希望以何种方式被他人对待。

讨好型的人最大的一个问题就是缺乏边界感。因为在人际交往中，讨好型的人总是试图迎合他人的期望，以期获得对方的认同和好感，而不断地接受、承认、努力消化，使得个人的边界感模糊，不懂得如何保护好自己，这就往往会导致个人产生压力、焦虑甚至抑郁等问题。

边界感，即使在最亲近的人之间，也应该是存在的。所有的人际关系都可以想象成是一个天平，一边是你的个性和观点，另一边是他人的个性和观点。若想保持一段关系的平衡，需要双方设定健康的边界。

那么，什么是健康的边界呢？

健康的边界的表现如下：

（1）欣赏自我的价值；

（2）对自己的个性不妥协；

（3）能够无所畏惧地表达自己的情绪；

（4）尊重他人的观点和感受。

不健康的边界的表现如下：

（1）将他人的价值凌驾于自我价值之上；

（2）过于追求和他人的一致性，不惜牺牲自己的个性；

（3）隐藏自己的情绪，还觉得需要对别人的情绪负责；

（4）不尊重自己的感受和观点，甚至还觉得自己的感受和观点有问题。

你有责任告知别人如何来爱你

如果你希望别人尊重自己的边界，就需要明确哪些行为是自己可以接受的，而哪些是不可以接受的。也就是说，首先你需要告诉别人如何来爱你。关心你的人会更愿意了解你的需求，当他们满足你的时候，你就会容易产生幸福感。

比如，我有一个来访者是不能接受吃姜的。但是在婆婆家说了自己不喜欢吃姜之后，她发现并没有人注意到她的需求，每个菜里依然放了她不喜欢吃的姜。她因此很不开心，每次吃饭都很郁闷。

也许她提出自己的这个特点时，别人没有注意到，那我们也不能因为一次别人的忽视而不采取一些行动，指望别人能发现自己的需求。

当我问她为什么不再表达一次，或者干脆自己去厨房做一道不放姜的菜时，她说："我担心别人会认为我太个性、太挑剔了，不好相处。"

所以，能接纳自己的独特性，尊重自己的感受和需要，并且自己为自己的感受和需要负责，很好地照顾好自己，像尊重别人一样尊重自己，是讨好者需要做出的最重要改变。

为了让周围的亲朋好友更好地了解自己，你可以在平时多谈论自己的边界问题，比如："我这个人最讨厌迟到，如果和别人约好了时间，可是别人迟迟不来，我就会感觉要发疯……"

如果别人不小心碰了你的边界，你可以使用期待性质的话术，比如："如果我们不谈论这种夫妻之间的隐私问题，我会感觉更舒服。"

你也可以在不良的事情发生前，提前提醒别人不要惹你不高兴。比如你对时间很看重，你可以在约会之前和对方说："你不会迟到的，对吗？"

那些爱你的人也不想做出伤害你们关系的事情，因此，当你在生活中不断用各种方式明确你的边界的时候，别人也就会越来越尊重你。

学会拒绝

在人际交往时，对于那些善良、热心、喜欢讨好他人的人来说，拒绝他人的请求或要求，坚守住自己的边界，往往是一件难以做到的事情。

那么，如何拒绝他人的请求呢？

1. 直接拒绝

越简单的拒绝越有力量，过多解释反而容易招来讨价还价，认为你好说话。

如果对方的请求让你觉得很过分或者触碰到你的底线，那你就要直接拒绝。比如，你可以用“不”“不行”“坚决不行”“是你也不行”“这事情没得商量”等来拒绝。

比如，有同事跟你说：“今晚你能替我去开个会吗？我有急事！”

你可以说：“不行，我去不了。”

一般对方会继续问你：“为什么？”

你可以说：“因为我已经安排了其他的事情。”

拒绝时，不要说得太具体，否则你还要继续解释。

如果你说：“我已经和朋友约了一起打球。”对方很可能就会和你继续讨价还价：“什么时候锻炼不行，不差这一天，我真的没法去，但是这个会还很重要……”

如果你描述具体的事情，他就会认为还有机会，继续和你没完没了。

2. 拖延式拒绝

对于不大好拒绝的或者暂时拿不定主意的请求，可以选择拖延战术。这样你会有更多时间思考，从而做出选择。比如可以说："现在不行，我得考虑一下。""等我先把……事忙完再说。""这件事过几天再说吧。"

3. 赞同+真诚婉拒（+替代方案）

这种回答适合拒绝有些交情的人。

比如，朋友想邀请你周末一起吃饭，但是你这周实在是太忙了，周末想好好休息，这时候你可以这样回复："虽然我也很想和你一块儿吃饭，但是这周我实在是太忙了，想好好休息一下。我们改天再约吧！"

不用为拒绝别人而感到抱歉和内疚，互相帮助是应该的，但是这些都是基于礼尚往来、互相尊重。

真正良性的关系，是不会因为你的一次拒绝而破裂的。如果因为你拒绝了他们一次，他们就对你态度有变，那就说明你们的关系一直是靠你的讨好或者热心来维护的，这样的关系长期而言没有再维系的必要。

坚持自我，适时地向别人表达自己的观点和喜好，尊重自己的感受，对碰触自己边界的行为敢于说"不"，大胆维护自己的利益，才能拥有平衡舒适的生活。

讨好自己，世界才会讨好你

建立价值，设立边界，最后流露友善。这才是一段关系的正确打开方式。如此顺序，你才能获得尊重得到爱。否则，你不委屈谁委屈？

讨好型人格的本质是：通过依赖外界的评价和认可来确认自身的价值，并希望通过自我牺牲的方式来获取别人的爱。这就相当于把自己交付给了别人，让别人来当自己价值的审判官。

这就像假如一个人的人生是一幅画，讨好的人把画笔交到了别人的手里，别人说画什么，他就画什么。如此重要的东西都敢依赖别人，不考虑付出的代价和风险，这可真算得上是一场豪赌了！

讨好者的代价：总陷入“受害者”角色

讨好者付出的一个重要代价就是容易成为“受害者”，也很擅长把身边的人调教成“自私者”。

他们时常认为别人狼心狗肺，不懂感恩，无法和别人建立舒适的关系，因为总感觉自己吃亏，只好把别人远远推开，保留自己道德上的清白感——“不是我的错，我不欠你什么，是你错了。”

讨好型的人在表达需求上常常是拧巴的。他们一边告诉别人“我没事，我不重要，没关系”，“教”别人忽略他们的需要；一边又暗暗期待别人主动看到自己的需要，自己不说出口，别人也能满足。一旦别人没做到，他们又会在多次被忽视之后爆发情绪。

讨好型的人没有把自己当成一个独立的个体去思考，而总是把自身价值依附在其他主体上。这样，他们就找不到自己价值的支撑点，从而形成一种恶性循环：越讨好别人、小心翼翼，唯恐别人对自己不满意，忽略自己的感受，就越没有时间关注自己，提升自己的价值。为了获得认同感，只能继续讨好别人，这样循环往复，最终迷失了自我。

这里面更重要的是，讨好型的人在讨好别人，为别人付出的时候，容易忽略两个问题：

（1）这种付出是不是别人真正想要的?

（2）对方能不能理解讨好型的人的付出?

我遇到一个家庭，因为老公出现了婚外情而遭遇婚姻危机，家庭即将破碎。来访者是妻子，多年来，她把主要精力放在做家务上，每天把房子打扫得干干净净，为家人准备丰富的餐食。每一天，她都感觉很累，她觉得自己对老公和孩子已经付出了自己的全部。她不明白为什么老公会背叛自己，而且孩子也不和自己亲近。

但是我在与她的老公沟通时，发现他在婚姻里的诉求其实主要是性，他并不在意房间是否那么整洁，他更想能有性生活的满足，但是每次老婆劳作一天都感觉很累，不愿意满足他的这个需求。

而对于孩子来说，孩子更希望妈妈能多陪伴自己，能多带自己出去玩一玩，但是妈妈总是忙于家务，说自己没有时间。

讨好型的人如果一味按照自己的想法，却从来没有跟对方验证过，那再多的付出也都是自己一厢情愿的付出，是感动自己的付出，是为了满足自己需要的付出，而不是为了对方。

所以，讨好不会被人尊重和珍惜。我们也不要再用指责对方不懂感恩来逃避面对自己的问题了。

打造自我价值，经营好自己的心灵花园

每个人的心中都有一座花园。为了让别人关注自己的花园，讨好型的人都将精力放在了在门口微笑点头、送门票、送赠品、送服务上，却没有用心经营自己的花园，导致自己的花园荒芜。因此，不管做什么，都不能吸引别人过多地驻足。即使停留片刻，因为没有值得流连的东西，也都离开了。

因此，讨好型的人千万不要把时间和精力都放在送赠品和服务上。要知道即使你的赠品再好、服务再棒，但只要核心的部分没有把握和经营，那自己的努力就都是白搭。

所以，讨好型的人要注意调整自己的认知，把精力和时间都放在打理自己的花园上。

正所谓“你若盛开，清风自来”。

我的一个来访者，过去严重依赖老公，就连机票和酒店都需要依靠老公帮忙订。在很多事情上，她都没有话语权。尤其是在教育孩子的问题上，她明知道老公的专横、霸道及其对孩子指责贬低式的批评对孩子很有害，但是她不知道如何表达和保护孩子，一旦反

驳两句，老公就会指责她溺爱孩子，这使她更加压抑和郁闷。

他们有一个4岁的女儿，平时喜欢舞枪弄棒，喜欢奥特曼，喜欢戴孙悟空而不是公主的面具，性格非常活跃。

老公看到这种情况就会说："一个女孩子，没有一点儿女孩的样子！"

我的来访者通过咨询后，学习和成长了很多，尤其是家庭教育部分提升很大。于是，在日常的对话中，她就把咨询中学到的东西应用起来："父母的观点对孩子的影响很大，那我也说说我的观点。我觉得孩子的喜好方面没有对错之分。咱孩子属于激进型的孩子，这类孩子天生勇猛执着、自律果断。而且这类孩子是天生的领袖型性格，非常有主见，最忌讳遇到掌控型的父母。你看她喜欢的东西，不管是奥特曼还是齐天大圣，都是勇猛和正能量的代表。你的担心我特别理解，知道你希望她健康成长，我也会告诉她刀和剑的危害。希望我的分析能对你正确培训孩子有帮助。"

我的来访者逐渐独立，不断学习家庭教育和心理学知识，老公对她的态度也发生了转变，开始重视她的看法，并且逐渐调整自己对待孩子的态度，开始欣赏和鼓励。在提升且充分展示了自己的价值之后，她不仅扬眉吐气，夫妻之间的关系也更加平衡和谐了。

建立关系的正确打开方式

最后，为讨好型人格的朋友总结一下：建立价值，设立边界，最后流露友善，把这三条按照先后顺序理好了，和谁都能处好。

如果你自身没有价值，不建立好自己的心灵花园，即使你再友善，谁又能把你当回事？只有你有价值，别人才会尊重你，和你说话时才会字斟句酌，因为害怕失去你这个资源。

凡事忍让，不如有点儿锋芒。人和人的交往，前期都是试探底线，你越忍让，别人就越得寸进尺，所以要设好边界。

自己有用，还有边界，你的友善才能被看见。谁都不会害怕得罪一个没有价值的烂好人。没有前两点，你的友善一文不值。

所以不要再说：“为什么我对他那么好，他还舍得伤害我？”

因为你没有价值，没有边界。在友善之前，价值先行，个性其次，最后才是你所熟悉的“友善”。

以上一套组合拳才是建立关系的正确打开方式。

第五章

别让情绪失控毁了你：学会驾驭好情绪

是什么引爆了你的情绪

"轰"的一下，当情绪上头的瞬间，大脑一片空白，接下来会做出什么？在情绪失控的背后，都存在着哪些推手？

一个朋友辞职后，心情久久不能平静。约我散步的时候，她向我吐槽了她愤然离职的经过。

她的一个同事在向领导汇报工作时，提到整体业绩不达标，其中一个重要原因是与她做的一个项目有直接关系。

领导把这封汇报邮件转发给了她。

当时她还正在外地出差，看到这封邮件时，她立刻火冒三丈，因为这个同事竟然在她不在公司时向领导打自己的小报告！愤怒之下，她写了一封邮件，表达了自己当初做这个项目时是多么不容易，克服了多少困难，而且需要帮助的时候，这个同事总是袖手旁观，隔岸观火。现在绩效不好了，却把责任推给她，简直就是绿茶！

她还把这封邮件同时抄送给了领导。

几天后，她冷静下来，感觉那封邮件写得实在太冲动了，虽然有点儿后悔，但是也没办法撤回了。

她又等了几天，领导依旧没有任何反应。她不由得想：领导当初把邮件转发给我，肯定就意味着他也认为是我的责任。我和他申诉了自己的委屈，他也不出面安抚我，那一定是站在绿茶那边了。

一气之下，她提出了辞职，领导也没有挽留。

于是，她离开了奋斗将近五年的公司。辞职后，她发现工作并不是那么好找，非常后悔当时的冲动。但是，她说："我没办法控制自己当时的情绪，感觉自己一下子被引爆了！"

冲动后辞职，或许还不算是最严重的情绪失控。还有辅导孩子写作业能把自己气得要死的，发现伴侣出轨直接闹出人命的……

从脑科学的角度来说，当面对重大刺激时，人类最先进化产生的本能脑和情绪脑会占据上风，启动逃避、战斗等应激反应，而后来进化的理智脑根本插不上手，于是就有了辞职（逃避）、指责打骂（战斗）等行为，情绪化的处理就自然而然地出现了，这就是情绪失控时，即使是聪明人也会做傻事的原因。

当然，人的情绪失控不仅仅是大脑的一个反应问题，还有遗传、认知、环境等诸多因素。

所以说情绪失控，并不是简单的一种因素引起的。下面我们拿最容易引爆的"愤怒"情绪来加以说明。

1. 遗传因素

遗传因素对情绪的影响主要体现在人的高级神经活动方面。我们根据人类的高级神经活动的三个基本特征——兴奋与抑制过程的强度、平衡性与灵活性，将人的气质分为四种类型：胆汁质、多血质、黏液质和抑郁质。而气质影响情绪的发展。所以遗传会在一定程度上决定你的情绪是倾向于稳定还是倾向于激动。也就是说，如果你的父辈中有人情绪暴躁易怒，你多少也会受遗传的影响。遗传因素对情绪的影响一经产生，就会很难改变。

2. 认知因素

情绪是由刺激引起的一种主观体验，但刺激并不能直接导致情绪反应，而是要经过人的认知来进行评判，而后才决定人会体验到什么样的情绪。

同一件事情，不同的人去评判，由于理解不同、需要不同，情绪体验也会大大不同。

比如，迎面来了一个熟人，他并未向你打招呼，匆匆而过。如果你认为他故意装作没看到你，你的心情就会变坏；如果你认为他很忙，只是没有注意到你而已，那么你就不会在意他有没有和你打招呼这件事了。

因此，你对事情的理解，很大程度上决定了你的情绪状态是好还是坏。如果改变认知观念，转变理解的角度，你就会有一个良好的情绪体验。

3. 情绪容器

之前的一些事情会影响我们现在的承受能力，也就是说我们会受到近阶段情绪的影响。

最近你可能面临着工作上、人际关系中一些有压力的事情，这些事情会让你感觉挫败、焦虑甚至是绝望。你的情绪容器会被近期这些持续的负面情绪装满，这样你就没有多余的容量去装现在的人和事了。

比如，你现在对老公发脾气，可能并不是因为当下发生的事情，而是你之前就对他的某些事情失望了，或者是你早就看不惯他了，你只是一直没有合适的机会对他表达，而是一直压着，直到压不住，一件小事就让你对他爆发了。他还莫名其妙地觉得你矫情，不应该为了点儿鸡毛蒜皮的小事发火。

4. 特定环境

环境因素对人的情绪也有一定的影响。特定的环境可以增强或者减弱情绪变化的速度和强度。

美丽的山水、清新的空气、宽松整洁的办公室等会使你心情愉快，而嘈杂的街区、拥挤的交通则无疑会让你感到烦躁。社会环境对人的影响可能更大，比如说长期的疫情使很多人持续处于一种焦虑、烦躁的状态里。

5. 早年的创伤

早年的创伤是指我们小时候或者在成长的过程中，由外界因素造成的身体或心理损害。这些创伤是我们的情绪死穴或者说情绪按钮。只要有人触动它，就会引发情绪反应。

我们的行为会不由自主地像计算机设定好的程序一样，朝着同一个模式去反应，这其实跟我们的大脑有关。杏仁核是大脑中负责情绪的中心，它还有一个奇妙的功能，就是除了能储藏一些事实，它也能保存这些事实引发出来的情绪。受到的刺激越大，那些情绪的烙印就会越深刻。

这些情绪的烙印已经存储在了我们的大脑中，当一些与过去类似的经验出现的时候，杏仁核就会将过去和当下的经验进行配对。比如，如果我们的大脑里有“怕被误解”的程序，那么当再次被误解的时候，就相当于打开了我们的情绪按钮，这时就会启动过激的情绪反应。

就算我们无法避免自己情绪失控，那么也需要在事后进行一下复盘，了解自己到底因为什么而发脾气。当我们对自己越来越了解时，乱发脾气的现象就会越来越少。

当心“情绪病”

> 当坏情绪如洪水猛兽般来临时，你选择向周围人发脾气，你得到的是糟糕的人际关系；你选择向家人发脾气，你得到的是糟糕的家庭关系；你选择压抑，你得到的是糟糕的身体。

当坏情绪来的时候，你通常是怎么做的呢？

有人说：“我这个人比较直，从来不克制自己，管他三七二十一，有脾气就表达。”

有人说：“我在单位情绪不好，有时候会向家人发脾气。”

更多的人则会说：“我通常会忍。”

说起“忍”这个字，很有意思，我在青春期时经常看到有些男人的胳膊上文着这个字，还有人的家里裱着这个字。之所以忍，本质是没有能力去面对，但是，忍了，你的情绪能量就消失了吗？不会的，它只能忍到我们的身体里，攻击我们的身心健康。

坏情绪对我们个人的破坏性是极大的。

1. 最先影响你的身体

我们可以回想一下自己的过往，或者留心观察一下身边的人，看看是不是会因为担心、焦虑而失眠或者头疼，是不是会因为紧张而胃疼、肚子痛，是不是会因为生气而感觉到肝部都胀痛。

这就是当情绪容器慢慢被填满，而人又没有得到很好的释放时，情绪就开始慢慢转化，并对人的身体开始施加压力。

《黄帝内经》中说："怒伤肝，喜伤心，忧伤肺，思伤脾，恐伤肾。"也就是说，当你持续处于某种情绪中时，你的身体机能就会慢慢发生变化，生气对肝脏不好，忧虑对肺不好，担心、害怕会对肾脏不好。

在我的心理咨询中最常见的就是，一个人经常愤怒，很容易出现三叉神经疼。三叉神经疼是让很多人苦恼的一种常见病症。愤怒会导致三叉神经疼，而三叉神经疼又进一步加重人的愤怒，让人对他人或事物的容忍度降低。

类似的还有，长期的委屈忍让，往往会伴有一种自我责备和懊恼的情绪，这些人往往容易出现胃部不适，容易得胃病；总是处在担忧、恐惧情绪下的人，肾病的发病率要高于其他人；等等。

2. 影响你的行为

有的时候，你会发现自己有一些不自觉的动作出现，这往往就是情绪在作怪。比如喜欢咬手指、下意识地抖腿、走路的时候突然脚软等都是情绪导致的。

情绪导致的行为，最为人所熟知的是"路怒"。有些人在开车的时候，因为和其他车发生摩擦而陷入暴怒的情绪当中，紧接着就会看到其行为的失控，比如猛打方向盘、猛踩油门，甚至是飙脏话。

这就是因为其瞬间产生了极端的情绪，而情绪又没有得到释放，于是便试图用夸张的行为把情绪释放出去。

3. 影响你的人际关系

情绪通过影响你的认知和思维方式，从而影响你为人处世的方式，进而影响你的人际关系。比如，长期受自我否定和自我责备的情绪影响，人就会陷入一种挫败感中，长期处于挫败感中的人会变得异常敏感。敏感会导致你对身边的人总是有一种提防、怀疑的态度：“他是不是看不起我？”“我这么做会不会被他否定？”“他说这话是不是在针对我？”这样长久下去，你的人际关系就会变得非常糟糕。

4. 影响你的亲密关系

有研究者发现，第一次世界大战之后，很多在战前跟家人关系很好的士兵，在参战回来之后，无法跟自己的朋友和家人建立起过去那种心连心的联结了。

原来，战士们在枪林弹雨中面临生死，情绪经历极大的震荡，但是这些情绪太痛苦了，他们没有办法及时处理，只能将其压抑下去，不去面对它。

但这样压抑就会造成一个结果：他们回到正常状态时，无法跟家人和朋友建立心连心的亲密关系。

这些情绪是非常痛苦的，但当人们刻意地去隔绝痛苦，不太愿意面对的时候，那些被压抑的情绪不是不见了，而是变成了没有组织、游离性的记忆，会妨碍我们跟他人建立亲密的关系，有时甚至会妨碍我们跟他人建立日常的联结。

既然这些后果我们都知道了，那为什么还是有人要无限制地闹情绪呢？这就是生了“情绪病”。所谓的“情绪病”并不是说你有情绪，情绪是所有人都会有的，这不足以构成病。我所说的“情绪病”指的是你情绪容器的上限过低，情绪太容易瞬间失控，并且即便在情绪容器内，你也很难控制住自己的情绪。

“情绪病”的衡量标准是：情绪的爆发过于频繁，情绪和引发情绪的事件不对称，完全无视情绪爆发可能导致的恶劣后果。当你患上“情绪病”时，你会发现自己的生活开始变得糟糕，你与身边人的关系开始变得恶劣，甚至走上失败的人生。情绪病日积月累，就会聚集在身体的某个部位，那聚集的部位就很容易病变。

所以我们说，人生的失败在很大程度上都是自我控制的失败，而对于情绪的自我控制则是其中最关键的一环。

情绪自救包，随时掌控自己的情绪

为了避免情绪的大爆炸，我们有必要学习一些缓解情绪的小方法。

我的一位来访者琴，是一个特别容易发脾气的人。在很多情境下，一般人都觉得无所谓的事情，但是到她这里就会被放大，她会发火，和别人起严重的冲突。

比如吃晚饭的时候，老公说白菜炒得过火了，一般人最多也就是认为老公有点儿挑剔，听听就算了，但是她却感受到了很大的伤害和侮辱，于是开启了自我防御机制，开始对老公大喊大嚷，来证明自己的菜炒得没问题，是老公吹毛求疵，结果全家人都没吃好晚饭。

我们给琴提供了一组情绪自救包，也就是日常控制情绪的小方法，可以帮助她缓解情绪的大爆炸。

1. 深呼吸法

人处于负面情绪当中时，呼吸总是短浅而急促的。譬如在愤怒的情绪下，呼吸会变得短浅而急促，这会让人无法获得足够的氧气，从而让大脑处于一种缺氧状态。在这种状态中，我们会变得急躁不理智，以致做出错误的行为。

所以我们要控制自己的呼吸，让呼吸变得深入而缓慢，用调节呼吸的方式来舒缓神经，让更多的氧气进入我们的体内，从而让大脑不再缺氧，渐渐回归理性。

比如，与人吵架，刚要口不择言攻击对方的时候，突然想到了不能失去理智，于是开始深呼吸。5秒完成一个呼吸过程，慢慢地，你的情绪就会稳定下来。

2. 在心里默默地倒数

当遇到冲突事件时，尝试着缓慢倒数这些数字：10，9，8，7，6，5，4，3，2，1。数完之后，你会发现，无论是呼吸还是动作，都变得比之前缓慢了很多，你的头脑也稍微清晰了一些，这个时候你就有时间去客观地思考这件事情，而不是盲目地发泄情绪。

倒数的作用就是暂停当前的情绪，让自己的思路和行为都暂时进入一种有序的状态中。当你因为情绪的爆发而瞬间失去理智的时候，倒数10个数字，会让你快速中断情绪，从而启动理性的思维模式。

当倒数完成之后，你的情绪便可以顺着倒数这个行为慢慢舒缓下来，你的理性也可以顺着这个行为的惯性启动了。

倒数的数字不要太多，最好以15为上限，因为倒数的数字太多，反而会让人陷入急躁当中，呼吸会再次变得急促，情绪就更不容易平复了。

倒数比较适用于远离冲突现场的情况。譬如在打电话的时候、微信聊天的时候，情绪突然爆发，用倒数来让情绪平复是比较有效的。

3. 利用“矛盾意向”法来缓解情绪

所谓矛盾意向，就是把对情绪的抑制变成允许。

很多时候，我们越是克制自己的情绪，这种情绪就越容易爆发。而当我们允许它表达出来的时候，它反而变得顺从起来。因为我们刻意地压制会让冲突的力量变大，当刺激源出现的时候，我们的情绪就非常容易瞬间爆发。

比如，老公对你的付出不但不认可反而还挑毛病，说你做的菜不好吃，你内心充满了委屈和愤怒的情绪，这时你可以明确地对老公说：“我真的好想对你发火！”“我现在特别生你的气！”“我真的好想打你一顿！”这样反而会让你的情绪平复下来。

4. 远离刺激源，转移注意力

当我们处在瞬间情绪控制之下时，大脑的思维就会局限在由情绪所引导的某一点上，这也就是人们常说的“钻牛角尖”。遇到这种情况时，远离刺激源，转移注意力是一个不错的应对方法。

比如，你在家里和伴侣吵起来了，情绪非常激动，你可以暂时下楼出去走一走，等到自己的心情平静下来，再继续沟通，这时候的沟通会更加理性一些。

有些时候，情况相对复杂一些，我们也可以用这种方式来保护自己。

我经常处理婚外情的案例，伴侣出轨这件事就成了刺激源。有的来访者遭遇老公的背叛之后，回到家看到老公，就会触动自己的不良记忆，形成片断、凌乱的信息，造成内心的痛苦。当清醒或睡眠时，创伤记忆强行进入脑海，以闪回或噩梦的形式重现，使其不断地重复体验负面的情绪和感觉。

我告诉来访者，在这种情况下，首先需要保护好自己的身心健康，要努力避免对老公出轨这件事进行创伤性的回忆和交谈，避免无休止地盘问和自我伤害。

可以外出散心，去一个自己想去却一直都没去过的地方旅行。也可以给自己报一些兴趣班，想想自己小的时候喜欢什么，现在喜欢什么，健身、跳舞、画画、瑜伽、冥想等可以鼓励自己多去尝试，固定一两个自己最喜欢的项目并且把做得比较好的坚持下来。

在新的环境中，就会结识新的朋友，尤其是和自己兴趣相近的朋友，彼此会建立新的联结，新的情感联结会带给我们新的正向的信息，有助于我们舍弃之前的负面情绪。如果能够得到更多的肯定和认可，也会非常有助于我们建立和修复安全型的情感联结，我们就不会像以前那样患得患失和焦虑了。

因为这样做可以扩大我们内心的容量，同时还可以转移我们的注意力。人生不是只有爱情，当我们内心的容量足够大的时候，感情就不会再左右我们的情绪了。

识别情绪模式，改变你的情绪路径

情绪是信使和礼物。每一个强烈的情绪背后都有一个卡点，情绪信使要告诉你的就是清理这个卡点。你把这个卡点清理完之后，情绪就能通过，情绪河流就能重新开始正常流动。

深呼吸、在心里倒数、转移注意力等方式可以暂时缓解我们的情绪爆发。当然，也有的人会去酒吧喝酒、疯狂地工作，把自己的生活用其他事情填满，不留给情绪发作的空间，但这些只能起到暂时镇定的作用，还是治标不治本。

想要更进一步驾驭好我们的情绪，就需要我们进一步了解自己，了解自己的情绪路径。

要想了解自己的情绪路径，我们就要反思：哪一类事情最容易让我们产生负面情绪？

但很多时候，我们并没有觉察、没有意识，一辈子被这样的情绪绑架着，以致做出一系列伤己又伤人的行为。事后虽然也会后悔，但当类似的事情再次出现时，我们照样会很机械地步入原来的情绪路径。很多人一直处于这样的恶性循环中。那么，如何打破这个恶性循环呢？具体可以按四步进行。下面我就以自己的事情为例来进行步骤讲解。

1. 识别你的情绪模式

曾经有一段时间，我陷入了一种情绪模式之中：我们家孩子晚上10点钟还没有入睡，我就会非常着急，就会发火，说话的口气也会变得非常烦躁。

如果我提醒了她，而她还在磨蹭，我就会发火。这样的情况持续了很长时间。后来，我就开始了这样一个愤怒模式：每天一到晚上10点，如果孩子还没有准备睡觉，我就会发怒，如同被愤怒情绪绑架了一般。

孩子这个不按时睡觉的行为，就像一个按钮，每次一按，我就产生同样的情绪。后来，我发现自己每天晚上都这样时，不禁开始了对自己的觉察。

2. 思考你的情绪模式

我首先思考：在这个模式中，我内心真正想要的是什么？想让她早点儿睡觉的背后，是我的什么需求呢？哦，那是因为我爱她，我想让她有足够的睡眠。但我是用愤怒来对待她的，这能达到我想要的结果吗？

当这样的事情再次发生的时候，我停下来，问自己要的是什么，还有没有别的方法可以解决，如让她早一点儿进入睡觉的流程，或者睡觉前玩一些安静的小游戏等。这个思考过程，就是觉察的过程。当我们觉察的时候，我们就是在有意识地做选择。最终，事情肯定会得到解决。

3. 找到你的情绪模式

比如说:“什么情绪是你最难控制的? 你什么时候会有这种感觉? 当你被情绪绑架的时候，你会有什么样的反应? ”例如，对我来讲，当我的能力被质疑的时候，我就会很愤怒，愤怒后我就沉默不语；当孩子不听话的时候，我就会很愤怒，愤怒时我说话的语气就会变得严厉。

那么，以后再遇到类似的情境时，我们是否可以改变自己的反应模式，换一种更具建设性的方式呢?

4. 找到你情绪模式背后的信念系统

如果再深入一步，我们可以继续思考:

因为情绪是内在的感受通过身体表现出来的状态。情绪不是问题本身，而是遇到问题后呈现出来的一种状态，我们要做的是解决问题，而不是消除状态。内在感受是导致情绪状态的原因，那是什么导致了不同的内在感受呢?

其实，负面情绪的真正来源是自我信念和客观世界的不匹配。即你遭遇的情景与你内在的认知有了冲突，你觉得应该怎样，而事实上却事与愿违。

比如，你认真辅导孩子功课，你觉得孩子在你的辅导下应该能考出好成绩，但是孩子只考了60分，就不符合你信念系统里的预期，你的情绪就自然会冒出来。

所以，情绪并不是什么外在事件引发的，而是你内心的信念与眼前的这件事不同，这才是情绪问题产生的根本。

认知，是我们人类理解世界的方式。

比如，你认为这个世界“应该”是怎么样的，你的伴侣或朋友“应该”如何对待你，你的付出“应该”得到什么样的回报。你的认知系统告诉你，这个世界“应该”是怎么样的，人与人“应该”如何相处，每个人“应该”遵守什么样的行为准则。一旦周围的世界不符合你认为的“应该”，就会立刻触发你的负面情绪，让你悲伤或者愤怒。

通过对情绪进行这样的剖析，就会发现，其实我们是可以调控自己的情绪的。有些人会把自己的情绪怪罪在那些惹其生气的人身上，觉得如果对方合作，自己就不会生气。如果是这样的“外归因”，那我们的情绪问题将永远得不到解决。

一个成熟的人懂得为自己的情绪负责。要明白，别人只是外部的刺激，但是，我们却要为我们的情绪模式负责。

有些人害怕自己被惹怒，要求别人不要来惹自己不开心。其实，这是一个可笑的要求。

一个人要降低自己内在情绪的温度，他可以用这个方法，即先用一个大空调把整个地球都冷却，然后把窗户打开，让冷风吹进来。他也可以用另一个方法，即把房子的门窗全部关闭，在房子里面开一个空调。

让所有的人都不要来惹自己容易，还是自己学习处理内在的情绪容易呢？如果我们能驾驭好自己的情绪，就可以和外界的人自由地交往，不害怕产生冲突，因为我们的内心是安全的。

如果别人喜欢我们，我们就开心；别人不喜欢我们，我们就生气：那我们就成了被别人操控的木偶，把自己情绪的掌控权交给了别人。

尊重你的情绪，拥抱情绪背后的善意

请拥抱和接纳自己的一切，坦然面对人生的悲喜，做个情绪成熟的人。

《头脑特工队》是一部很经典的心理电影，这部电影很好地解密了我们每个人的“情绪智慧”。

该片讲述了小女孩莱莉的故事，她的生活被五种情绪掌控，尽展脑内情绪的缤纷世界。电影使用拟人化的形式，用5个小人乐乐、忧忧、厌厌、怕怕和怒怒分别代表我们的5种基本情绪，即快乐、悲伤、厌恶、恐惧和愤怒。

在影片中，莱莉的大部分情绪都被快乐、愤怒、厌恶和恐惧主导，它们是很容易被显化的情绪，但是悲伤却是在旁边不被其他人注意的情绪。或者说悲伤其实是和所有情绪相伴的，悲伤里也有忧伤的泪水，恐惧、厌恶和愤怒里也会时常伴随着悲伤。

但是，我们似乎不太允许悲伤的显化，觉得它不应该控制主人的情绪控制台。昏昏欲睡、笨拙不堪的悲伤似乎代表着“消极”“被动”等负面词语。

快乐占据莱莉大脑控制台的C位，而且最初快乐不喜欢悲伤，什么事情都不让悲伤参加，只让它在一边待着，甚至还画了一个圈让悲伤站在里面不能出来。

直到快乐和悲伤在一起迷路了，在重新寻找中央控制台的过程中，快乐才重新认识了悲伤，发现了悲伤的力量。

在影片的最后，快乐理解了悲伤的意义，让悲伤独自操控大脑，允许悲伤的存在，从而唤醒了莱莉，让她感受到自己难受背后的需求，重新启动了大脑的程序，这时候，莱莉的心才真正回到了爸爸和妈妈的身边。

整个影片其实讲述的是对情绪的接纳，每一种情绪都有它独特的价值，重要的是，当你处于某种负面情绪中时，请先不要自我批判和自我谴责，而是要读懂情绪背后的正面意义。

悲伤：疗愈与联结

确实，悲伤的时候，我们整个人是没有力量的，也没有思考能力。但是，悲伤这种情绪有它独特的价值。

悲伤是对失去的哀悼，也能帮助我们跟别人产生更深的联结，这时候我们通常会独处或者主动寻求亲密的人的陪伴。悲伤状态的我们容易引发别人的同理心，更容易得到别人的爱。

悲伤时，不要刻意克制悲伤，否则这种情绪就会郁结在体内。如果难过就痛快地哭一场，要把悲伤尽情地释放出来。在充分悲伤之后，就会发生转化，我们就能接纳这个巨大的失落。

比如亲人去世，如果你有巨大的悲伤从未哭出来，那么一碰触到相关的信息，你可能就会流泪，情绪失控。但是如果你真正面对自己的这份悲伤，找一个机会尽情地表达出来，让悲伤的使命完成，那以后面对相关刺激信息时，你就不会那么轻易悲伤了。

经历过悲伤，我们就会越来越强韧、越来越成熟。

愤怒：自尊的力量

有些人面对自己的愤怒是感觉有些害怕和抗拒的，其实，愤怒不一定要用暴力或者极端行为来表达。

愤怒里包含着力量和自尊、自重。当你的边界被侵犯时，当别人故意伤害你时，你很难不愤怒。在愤怒之下，就会催生出一种强大的力量。在过去，你不敢做、懒得做和无力做的事情，这时候你就可能会做了，而且效率很高。比如，有人在众人面前表达了对你的看不起，你一怒之下发愤图强，有了这个劲头，懒觉也不睡了，也不用别人督促了，你有了强大的动力要证明自己。

愤怒之所以产生坏的结果，是因为我们压抑过多，不会正确表达情绪，所以，愤怒就成了暴力与发泄的代言。

所以，我们在每一次情绪升起时，要学会合理地表达真实的自己，合理地表达愤怒，而不是去压抑愤怒。压抑愤怒会造成无法控制的后果和令人害怕的状况。

能够合理表达愤怒的人，都不会受过重的内伤，不会患上抑郁症。

愤怒中蕴含的是力量，就像汽车的马达。实际上，悲剧和灾祸不是因为愤怒而生，而是因为你愤怒中的力量的偏差使用而生。你既可以攻击和破坏，也可以发展和争取，你怎么用这个力量是你的选择。

恐惧：自我防御保护

恐惧来临的时候，我们会心跳加速，有的人会浑身颤抖，有的人会呼吸困难甚至会晕倒，这些体验让人非常不舒服，还让我们产生无能感。所以，我们也不喜欢让自己处于恐惧情绪中。

但是，恐惧作为我们与生俱来的原始情绪反应，是我们在面对外界威胁时的自我防御保护。为了避免危险降临，我们便在各种各样的“怕”之中逃避和周旋。

人在遇到地震、火灾、爆炸等危急情况时，会迅速做出保护自我的本能逃生，这就是由于恐惧而做出的自我保护行为；因为害怕自己的演讲效果不好，我们也会提前做好多次的准备。如果没有恐惧，我们有可能行为鲁莽，或者搞不好直接就没命了。

无聊：提示你意义与价值

很多人不喜欢无聊，所以很容易用刷剧、喝酒、闲聊、工作等来填充时间，然后渐渐变得麻木。

无聊也是珍贵的。你不用着急把它赶走，可以在夜深人静的时候思考下：自己之所以感觉无聊或者感觉生活没劲，是不是因为自己现在的生活或者现状并不是自己想要的，或者是不适合自己的。

人生最重要的并不是动起来，动起来和忙起来很容易。人生最重要的，是能够静下来。

如果我们能够在无聊出现的时候，不逃避，不急于摆脱这种感觉，与自己内在的感觉见个面，那么就会探寻到自己的人生价值与意义是什么。

嫉妒：对自我提升的提醒

当我们感觉到别人比我们好时，心里就会感觉酸酸的，这种感觉就是嫉妒。嫉妒容易让我们产生一种冲动，试图打击和拉低对方，好让自己的内心得到平衡，去除“我不如人”的自卑感。

在被嫉妒驱使之前，如果我们能稳住神，向自己的内在看，就会发现自己内心的匮乏。

嫉妒来源于我们想要却暂时还没有的东西，是对我们自我提升的一种提醒。嫉妒帮我们看到了自己没能看见的，可能还在回避和逃避的内在需要。

所以，我们要先接纳暂时的匮乏，坦然接受对方比自己好的事实。如果那真的是自己想要的，就去努力获取，这会让我们走上充满希望和爱的道路。

拥抱情绪背后的善意，你就会知道：情绪没有好坏，也并不可怕，只有没有被你足够理解和尊重的情绪。

第六章

走出原生家庭：在过去的伤痛中重建自我

没有完美的养育，没有完美的父母

几乎每个人都能列出一张曾经被父母伤害过的清单。

与原生家庭的关系，是每一个人终身需要面对的课题。

世上没有完美的养育，每个人或多或少都受过原生家庭的伤害。

人来到世界上的第一个关系通常是与父母的关系，也就是父母是每个人的第一个客体。与第一个客体的关系对一个人的一生影响最大，因为孩子最早是通过父母来认知自我和建立与别人的关系的。

我们先是从外部的人、事、物获得了安全感，把这份安全感渐渐内化成自己的一部分之后，就成了我们自身体验的一部分。

孩子通过“镜映”认识自己

在成长的过程中，每个孩子都是通过养育者像镜子一样对自己的价值、成绩和成就做出的反应，来确认“我是谁”，这就是“镜映”，即对于孩子心理体验到的所有东西，养育者给予的反应，或者说给予的确认和印证。

就像我的一个朋友，已经40多岁了，依然记得在自己蹒跚学步时，父亲整天把她扛在脖子上，满世界地炫耀，就像在对别人宣告：看，我有这么棒的一个女儿！这种被父亲捧在手心里的感觉，让她整个人生都觉得自己是一个被深爱的人，自己也值得别人如此爱自己。

这就是被镜映的感觉，那是令人幸福和满足的感觉，这感觉可以帮助我们暂时消除孤独感，因为在被镜映的时刻，我们会体验到自己正与世界同在，与他人有所联结，那能让我们确认自己存在的价值和意义。

其实，这对养育者来说也是很难做到的。

如果养育者对孩子表现出过度认可，那孩子会因为过度的赞许而过高看待自己，以致可能会走向自负。

如果孩子无论如何展示自己，得到的反馈都是贬低、负面评价，那孩子就会畏惧发展自己的潜能，常常感觉自己低人一等，以致走向无能、退缩和逃避。

比如一些留守儿童，缺少养育者镜映的反馈，就会很难理解自己的情感，更不信任自己的内在感受。在亲密关系中会患得患失，没有安全感，甚至不敢开展亲密关系。

孩子恰当的自信和高自尊，需要养育者长年累月的镜映，即给予孩子适当的反馈，孩子才能够逐渐完成从外部肯定转变为自我肯定。

比如，我们在学校某一次考试中取得了好成绩，我们都希望第一时间奔到家里，告诉父母，还想激动地描述那一刻是怎么发生的。

父母的反应可能会有以下几种。

1. “不要骄傲，继续努力”

这是很多父母会对孩子说的一句话。当孩子表现出开心时，父母否认了这个情绪的存在，然后给了一个贬低的标签，就是“骄傲”。因为这个时候父母是有担心的，觉得孩子对自己满意就会走向骄傲。

但是，父母给了这样一个镜映会给孩子带来哪些感受呢？孩子会觉得这并不是什么值得炫耀的东西，也大大降低了想要分享的欲望，而且孩子的自我价值感也没有建立起来。

2. “好，不错”

这类父母要比上一类略微好一些，但感觉是这一种很敷衍的回应。有时候父母在忙自己的工作，或者陷入自己的情绪里，没有时间和精力关注孩子，就会对孩子简单敷衍一下，没有与孩子进行深入的共情。孩子得到的是一个泛泛的夸奖，并没有入心。

3. “看到你开心，我都替你感到开心。你怎么做到的啊？”

父母首先看到并且肯定了孩子的情绪——开心，且做出了以孩子为中心的回应——“看到你开心，我都替你感到开心”，最后用一个提问——“你是怎么做到的啊？”来强化孩子如何得到良好体验的过程。

这样的镜映，语言和情绪都密切贴合孩子的感受，会给孩子什么感觉呢？就像一阵花香、一阵清风，给人一种神清气爽的感觉。

但是，能做到这样的父母，是需要有很高的情商及健全的人格做基础的。

🔅 没有完美的父母，每个父母都是有缺陷的人

现实生活中，在漫长的育儿岁月里，谁都难保证自己的情绪会一直稳定，在艰难的生活里，有些父母有的时候真的会自顾不暇。

也不是所有的父母都很清楚地知道自己为什么要生孩子。

有可能是为了防老，或者是跟随大众，或者是希望孩子延续自己未了的欲望，继承自己的意志，或者是没缘由地就生了……生了孩子后，也可能因为现实或者个人意愿没有那么多精力放在孩子身上。

很多人因为父母曾经的一些神情、语言和行为而受到过伤害，就像我曾经辅导过的一位老人，他在催眠中想象自己和父亲互动的故事时，想到的是父亲曾误会自己偷拿了邻居的东西而用皮鞭抽打自己的童年镜头——那些过往的经历，稍有风吹草动，还是会隐隐作痛。

几乎每个人都能列出一张曾经被父母伤害过的清单。

比如偏心、厌弃、忽视、过度责备、不切实际地期许，甚至是语言辱骂和身体暴力。确实，我们生活中的很多问题，都是父母不够科学的养育方式造成的。

我们经常会忘记父母都是有缺陷的。

他们不过是普普通通的人，身上具有各种各样的缺陷与不足。他们在当子女的时候也体验过父母带给他们的痛苦。为人父母，不可避免地会在孩子面前犯错误，甚至是非常严重的错误。

要知道，即使是提出“幼年经历影响一生”的心理大师弗洛伊

德本人，也是一个被自己的孩子责难的父亲。

虽然我们无法选择和改变父母，但是我们完全有能力自由地选择如何过好接下来的人生。的确，原生家庭塑造了现在的我们，可是对于成年的我们来说，我们完全可以重新进行自我塑造，不让过去的伤害复制、延续，影响自己的一生。

与父母和解是走向独立的重要一步

我们为什么可以原谅伤害过我们的朋友、同学甚至陌生人，却唯独不肯原谅父母呢？这也许只是因为我们还没有摆脱掉“父母就应该无微不至地爱护我们”的幼稚想法。

经历过被父母忽视、贬低等伤痛的孩子，通常会暗下决心：等我将来当了爸爸（妈妈），我一定要做一个让孩子快乐的父母，我一定不会让孩子重蹈自己的覆辙。

然而，当我们真的成为父母时，才体会到无论我们曾经怀抱过多么美好的憧憬，面对犯错误的孩子时，我们还是会疲惫、慌乱、不知所措，甚至发脾气、大吼大叫，一时间失去自我控制的能力。

一个爸爸带儿子去超市，每次都是有求必应，通常会买回过量的物品，这让爱人很生气。后来了解到这位爸爸在童年的时候，家里条件很差，他多年来只穿校服，因为没有足够的钱来买衣服。于是，他当了爸爸后，就会充分甚至过量满足孩子的需求。但是，这样做对孩子就是恰当的吗？不会造成新的问题吗？

我们都不是超人，在变幻莫测的生活里，都会有无法承受的瞬间；也因为有自身的局限，可能还会无意识地将自己童年未满足的部分，加入对下一代的养育中，而自己可能无法自知。

体谅自己容易，但是你为何对父母曾经对你的一次冷漠、对你的一次情绪失控而念念不忘呢?

走出全能父母的幻想

我们可以原谅伤害过我们的朋友、同学甚至陌生人，却唯独不肯原谅父母，这是为什么呢? 这也许只是因为我们还没有摆脱掉"父母就应该无微不至地爱护我们"的幼稚想法。

一个正值青春叛逆期的女孩和母亲吵架后赌气离家出走了。她在外逛了一天，肚子饿得咕咕叫，可是赌气出来的时候自己什么都没带。

她站在一个面摊前很犹豫，不停地咽口水，看着热腾腾的面却不敢上前。卖面的女老板很善良，主动上前跟她搭讪，才知道女孩的情况，就免费煮了一碗面给她。

女孩感激得眼泪都掉了下来，说:"我们不认识，您就对我这么好，可是我妈妈，竟然对我那么绝情……"

面摊老板说:"我才煮一碗面给你吃，你就这么感激我，可你妈妈帮你煮了十几年饭，你感激过她吗? "

对于亲人、朋友的关爱，我们习以为常；而陌生人的一点儿帮助，却让我们感激不已。为什么会这样呢? 因为对于父母的关爱，我们已经感觉迟钝，而且我们抱的期望值很高。所以有时他们如果对我们少了一丝关爱，我们甚至会恶言相向。而对于陌生人，我们没有抱多大的期望，因此，他们的一点点帮助，我们都会感动不已。

我们的感觉很敏感，但也有惰性；它会蒙骗我们的眼睛，也会让我们迷失理性。

原谅父母，是我们成长的需要

如果一个成年人总是埋怨父母，说明他还没有成熟到可以为自己的现在和将来负责。的确，责备父母可以让我们感到比较舒服，可以把我们面对的问题向外归因，把责任轻而易举地算到别人头上。

一个来访者婚姻不幸福，她在回顾这段婚姻时，把矛头指向了自己的妈妈："要不是她当初极力撮合，我也不会选择这个人，因为我根本就不爱他。"

但是，我深入了解后，才发现这个来访者当初处于人生的低谷，精神很抑郁，并且没有勇气面对自己爱的人。而她最后选择的对象，是追求了她好多年，她觉得能有这样一个人爱自己，已经很不容易。妈妈觉得这个对象也确实很难得，于是就很支持。

妈妈当初并没有逼迫她一定要选择这个男人，是她自己主动选择的。

当然，你可以继续扮演受害者的角色，把自己人生的不幸全都归结为父母的责任，但这种思维模式与一个没有成年的孩子又有什么不同？只有没有生存能力的小孩子才会把自己的一切都寄托在父母身上，认为父母是全能的，可以照料自己的一切。

不肯原谅父母，只不过是自己的心理被束缚在幼年时对父母的依赖关系中，通过不原谅继续维系这种依赖关系，不肯独立长大，不肯与父母实现健康的分化。

父母只是普通人，他们并不完美。也许他们在成长的过程中，也受过各种伤害，也没有及时得到过安抚和爱，也没有得到过接纳和支持。因为他们自己的需求从未被满足过，所以他们也没有能力满足孩子的需要。

一个朋友曾经很看不起她的妈妈，因为她的妈妈总是把责任归结于他人，自己从来不肯负一点儿责任，口头禅从来都是“就因为你爸爸嘛！”

后来，听她妈妈讲起自己的成长故事，她才知道，当初外公和外婆常年争吵，外婆的口头禅就是：“都是因为你！要不我早离开这个家了！”

外婆把一个不属于孩子的责任全部推到孩子的身上，怪不得她长大后不愿意负一点儿责任。

从这个角度看，我们每个人只不过是穿着成人外衣的小孩，被不同的环境和时代影响的个体。

当我们能够理解父母犯错的原因时，我们对父母的怨恨也许就会得到释放。

你可以不原谅，但是需要释怀

有人说：“我真的无法与原生家庭和解，我就是无法原谅，怎么办？”

的确，有些极端的家庭存在着虐待、抛弃甚至更严重的伤害，刻意为父母寻找理由原谅，也会阻碍我们与自我保护本能的重新联结。不是所有的破碎都需要重新拼凑，有些碎片最好就让它们静静地躺在过去。

选择不和解也是对自己深切的尊重，是对个人历史的真实承认。但是我们需要为自己的平静选择释怀，当然，这也是对自己的承诺——不让过去的创伤影响自己的现在和未来。

每个人的生活都是一部独一无二的小说，你有权力决定每一个章节如何展开。

利用与父母的关系让自己变强大

在分又分不开、好又好不了的亲子关系里，如何解放和强大自我？

家是每一个人出发的地方，但是家不仅会带来温暖与关怀，同样会带来伤害。一想到回家就感觉焦虑不适，都是因为家里至少有一个很难相处的人。

如何面对指责型人格的长辈

来访者蓝蓝，最近都不想回家了，因为实在不知道该如何与自己的母亲相处。

蓝蓝是独生女儿，父亲在几年前去世了，母亲因为悲伤过度，身体很糟糕，在舅舅的要求下，她把母亲接过来一起生活。

说实话，如果不是迫不得已，她是很不愿意和母亲一起生活的，因为过去和她相处，自己就非常痛苦。母亲是那种指责型的人，每天总是指点她这么不好，那里不对，总之就是不如她聪明；

她对父亲也一样，总是在挑剔和指责。蓝蓝后来考上离家很远的大学，其实也有逃离母亲的意思。但是现在没有办法，硬着头皮也要面对这件事情了。

现在母亲住在她家，依然是老样子。比如，母亲每次都会挑剔蓝蓝做的菜不是咸了就是淡了，总之没有一次能合她的口味。她还总是对蓝蓝的老公发表抱怨，不是嫌他的头发太长了，要亲自给他剪，就是嫌他回家太晚，不知道多陪陪孩子。

这些指责和抱怨，就像一把小刀，一天天割着蓝蓝的心。刚开始，蓝蓝只是忍着。但是后来，因为一个喝水的日常小事，她终于忍不住爆发了。

母亲认为多喝水有利于健康，尤其是早上起床，必须喝完300毫升温水。母亲会在蓝蓝每次吃早餐前，准备一大杯温水。如果她没喝完，母亲就会大声强调："多喝水对身体好，你看你总是喉咙上火，就是水喝少了！说你还不听！"

这看似微不足道的一件事，却成了压倒蓝蓝内心的最后一根稻草，她愤怒地对母亲喊道："您一天天的老是叨叨，有多烦人您自己知道吗？！"

蓝蓝觉得作为受害者的自己，已经无法再压抑了，快要崩溃了。

当然，母亲也觉得自己是好心不得好报，气得要回老家。

蓝蓝被这样的母亲压制得喘不过气来，又找不到与母亲和睦相处的方式，只要做得有一点儿不符合母亲的心意，就会面临一顿指责。蓝蓝的世界被这些琐碎的小事搅得天翻地覆，却无力挣脱。

遭遇指责型的父母，我们要先搞清楚指责型人格的本质。

指责型父母通常具有强烈的控制欲和自我中心主义。他们习惯于将自己的意愿强加给孩子，对孩子进行无休止的指责和批评，而忽视孩子的感受和需求。

父母抱怨、指责的目的都是希望通过改造孩子，让孩子的行为符合自己的目标，从而让自己的内心稍稍平静一些。

说到底，指责型父母是典型的“低自尊”人格——把自己的期望寄托在外界、孩子身上。而这个世界是不可能有任何一个人完全符合自己的幻想的。

喜欢指责别人，其实是一种不肯面对现实的表现。有这种表现，绝大多数是因为在成长环境中受到了不良影响。比如，蓝蓝后来了解到母亲的成长史，得知母亲就有一个指责型的父亲，她小时候吃饭掉了一支筷子，父亲都会大发雷霆。慢慢地，她的头脑中就形成了“我不能犯错”的观念。

建立关系的边界

指责是一种缺乏人际界限的表现，是一种试图侵犯别人的界限，从而控制别人、满足自己的表现，这在亲子关系中很常见。

指责的人，其实看起来更像任性的小孩，你越是妥协，越是满足他们，他们越是容易从这种控制模式中获得满足感，从而变本加厉。

成年子女意识到父母对自己的控制，若无法忍受这种相处模式，可以想办法进行物理隔离，尽量不要住在一起。

如果不可避免地住在一起，就尽量不要在一个空间相处。比如，不待在一个房间，下班后吃完饭就出来散散步，减少各种面对面接触的时间。

对于在与原生家庭的关系中感到被消耗的人来说，真正会带来最大消耗的，其实是在长期被否定下被内化的自我否定。比如，当被父母批评指责时，自己也会想：我哪里做得不够好？是不是我真的有问题？而这才是我们真正需要远离的。

我们也可以给这个批评声起一个有趣的名字。当忍不住批判和责备自己时，就告诉自己："××说我很糟糕，他又在说丧气话了。"这能够创造一种和自我之间的分离，从而更加客观冷静地观察自己身处的环境，更好地调节情绪。

利用与父母的关系让自己变强大

除了对抗与回避，我们还能进一步和解吗？

我和蓝蓝又讨论了以下几个问题：

（1）我能从冲突中学到什么吗？

（2）我需不需要找朋友聊一聊和母亲之间的冲突，多获得一些社会支持？

（3）我需不需要找到接受母亲的方法，并且不让她的所作所为触发我的情绪？

（4）如果母亲爱指责抱怨，非常善于让人产生内疚和罪恶感，那么她是指责者的原型。如果我能处理好和她的关系，那对其他类似的人际关系也会有帮助。

经过梳理，蓝蓝说："我从母亲那里学到最重要的一件事就是，我不应该让她所做的任何事影响我。她有她的价值观和喜好，我有我的。她是她，我是我。"

对于母亲的行为，蓝蓝也试图站在她的角度去理解她：父亲去世后，母亲失去了“吵架”对象。她需要通过吵架这样的方式来宣泄寂寞，她需要用大嗓门的强势来展现自己的个人价值。她需要替孩子做事甚至替孩子生活来成就个人价值。

蓝蓝还觉察到：如果接受母亲本来的面目，接受她是由教育及原生家庭因素所造就的一个人，那对自己也能更加接受了；同时，对那些认为自己是受害者的人，也会抱有宽容，而不是批判的态度。

想办法利用你和父母的关系来让自己成长并变得强大，是很重要的事。

放弃拯救父母的幻想，做回自己

> 你不必为父母的喜怒哀乐负责，更不必为他们的人生和命运负责，这样，你才能真正为自己的人生负责，你才能从“我要改变父母”的大梦中醒来，开始真正地做自己，并且爱自己。

当子女越过了序位，想要去干涉上一代人的命运的时候，他自己的命运也会变得悲惨。因为他承担了很多不属于他自己的责任和重担。这种痛苦的牵绊，在成年子女与原生家庭的关系中也很常见。

把不属于自己的负担放回家庭关系的原位

不到30岁的大勇被查出重病，在手术前，他希望全家人能一起吃个晚饭，并且看一场电影，就像一个正常的家庭一样。他还向母亲表达了一个愿望：如果自己死了，希望父母能好好相处，相互照顾。

结果妈妈直接说道：“不可能！我们平时都不怎么说话，你爸爸一天到晚也不知道干什么，怎么能好好相处？”

大勇崩溃了，因为自己这么多年来，这么努力地维持这个家，但是其他人却不愿意做任何事。

大勇的家，只是一个形式上的家。爸爸除了定期给家里一些费用之外，人很少停留在家里。妈妈每天做家务，这个家，只能说在形式上勉强算是一个家。

但是大勇渴望的是一个温暖的家，不是这样一个冷冰冰的家。

大勇小的时候，他的父母就经常为一些琐事而争吵。比如，父亲洗完澡后没有拖地的习惯，母亲就会一直唠叨。为了避免他们争吵，年幼的大勇就会在父亲每次洗澡时，守候在卫生间外，父亲一出来，他就赶紧进去拖地。

他成了父亲“破坏行为”的幕后解决者，默默地帮父亲丢垃圾、洗碗、关灯、关空调……

他的很多心思都在缓解他们的矛盾上，无非就是渴望这个家能有一些温度。

大勇上高中的时候，父母的关系恶劣到要分房睡觉。母亲宁可睡在客厅，也不愿意和父亲睡在一起。原本可以走读的大勇，借口学校学业紧张，要到学校里住宿舍，他以房间空着为借口，让妈妈理所当然地在他的房间里睡。

这个家，多年来已经形成了一个模式：爸爸制造问题，妈妈埋怨问题，他忍气吞声地试图解决问题。

大学毕业后，大勇成了家庭的经济支柱，别的同学都在恋爱甚至成家生子了，他还在苦苦支撑着这个家，只要有一口气在，他就不想让这个家垮掉。

如今他病倒了，多年来扮演的角色也失去了功能，无论是财力还是体力，最后都只变成了有心无力。眼见着自己的身体逐渐衰弱，他尝试希望父母能体谅他的付出，能在余生好好相处，可是这唯一的夙愿都成了奢望。

“这么多年，我都是白做了，我还活着做什么呢？”大勇陷入了绝望。

像大勇这样的孩子，为了填补家庭的黑洞，以为自己付出全部的爱，就能改变这个家的现状，但是最后自己被彻底掏空。为了整个家，他扛下了全部，吸收了父母太多的负能量，他怎么能不生病、不累倒呢?

作为孩子，一直要生活在父母婚姻的阴影里，并且为他们的婚姻负责任，这真的是孩子生命的意义吗?

在一个家里，当父母之间的关系很糟糕的时候，孩子就开始想要拯救父母的婚姻。

他会运用各种各样的方式，比如可能会变得很乖很讨好，又或者变得很叛逆，甚至用生病的方式想要来吸引父母的注意，希望因此来让他们的关系好一点儿。

每一个孩子，都心怀着对父母强烈的爱。他们多希望父母能够快乐一些，而不惜为此付出一切代价。

但无论这个孩子如何努力，他永远也无法拯救父母的婚姻。

也许到最后，妈妈还是那个怒气冲天的妈妈，爸爸还是那个唉声叹气的爸爸，他们仍然是那么不快乐。

而你真的什么也改变不了。不仅如此，你还有可能搭进去自己的人生。

真正的自我负责，是从不再肩负父母的人生开始

大勇在咨询中，看到自己手里只有父子、母子这两条线是自己有能力影响的，而父母之间的那条线，他是没有办法去控制的。是的，父母并没有强迫他去承担这个不属于他的责任，是他自己心甘情愿地付出这么多年，并且做得异常辛苦还没有人给他肯定和认可。

大勇要想解脱，需要把不属于自己的东西统统归还回去，不再苦苦盲目承担。

无意识背负父母命运的孩子有很多。

父母早于我们二三十年来到这个世界，在我们的肉身和意识成型之前，他们的人生早已铺开，他们的因果模式早已形成。我们是基于什么样的依据和信心，认为我们可以干预得了他们的人生，或者以为我们是他们人生问题的解决者的?

你不必为父母的喜怒哀乐负责，更不必为他们的人生和命运负责，这样，你才能真正为自己的人生负责，你才能从“我要改变父母”的大梦中醒来，开始真正地做自己，并且爱自己。

以下文字送给正在原生家庭中受苦的你:

因为父母先来，他们优先，他们承担他们自己的快乐、痛苦。

我们作为下一代，没有资格，也没有权利去评判他们。同样地，我们也没有权利去干涉他们的婚姻，更没有权利和义务去承担他们该承担的责任和痛苦。

基于这个原则，我选择放下我对父母的种种承担，把属于他们

的责任、感受、苦难还给他们，尊重他们的婚姻，尊重他们任何的行为模式、思维模式。

亲爱的爸爸妈妈，虽然我看见您受苦，看见您活得不开心，看见您有那么多的悲伤，但我只是您的孩子，我无能为力，我完全接纳您现在的样子，我愿意尊重您的命运，尊重您所受的苦，因为那些都属于您。

我愿意敬重您，敬重您的快乐，敬重您的痛苦，敬重您的一切，我把这一切都留给您。因为这才是正确的家庭序位。

打破命运轮回，避免代际创伤

> 代际创伤是指在一个家庭中，一代又一代传递下去的心理创伤。受到代际创伤的人的人际关系模式往往会和父母一样。

可能你从小就讨厌父母的坏脾气，可是长大后却发现自己无力控制怒火和情绪——你讨厌父母的某个方面，长大后却发现自己也成了这样的人。如果把时光机的镜头放得长远一些，我们会发现：父母离婚，子女也很容易离婚；父母人际关系不良，子女也人际关系不良；父母使用家庭暴力，子女也容易使用家庭暴力……

代际创伤，一种隐蔽的家族传递

发生在我们身上某种难以解释的困境，到底是怎么发生的？这很可能是家庭代际创伤重复的结果。

代际创伤是指在一个家庭中，一代又一代传递下去的心理创伤。也就是传说中的“命运的轮回”。受到代际创伤的人的人际关系模式往往会和父母一样。

大乔的胃本来就不太好，他一次次提醒自己晚上要尽量少吃东西，但是他看到孩子们剩下的饭菜时，总是忍不住全部吃掉。有一天，他在胃胀得睡不着觉的夜晚突然想到：我为什么要以健康为代价来节省粮食呢？大乔的父母从小就耳提面命地教导大乔：浪费可耻！从小经受过饥饿的父母无意识地将恐慌和节俭传递给了大乔一代，即使现在经济条件很好，他们也在病态地要求自己节俭，盲目吃苦。

小慧因为老公长期家暴而离婚。但是她在工作中，又陷入了类似的模式——她的老板对她也充满了语言暴力，但是她又是那么迷恋他和崇拜他。当老板又一次叫她滚蛋时，她竟然跪下请求，宁愿降薪降职，也不想离开。为什么小慧在一次次的关系中，总是那个受虐的角色？而她又为什么总被充满暴力的男性所吸引？

原来，小慧从小总是目睹爸爸暴打妈妈。在这种环境中成长起来的女孩，就可能会无意识地产生一种行为模式：极其强烈地想要找到一个和父亲一样的人，想要通过改造和控制这个人，实现自己对生活的改造和控制。但结果往往是自己没能力实现，反而重复了父母的相处模式。

小雨和涛子是大家公认的最幸福的一对，但是他们在结婚第五年，因为涛子有外遇而离了婚。结婚没多久，小雨就对涛子的行踪各种猜测，总认为涛子在外面有了情人。涛子指天发誓说绝对没有这样的事情，都是小雨疑神疑鬼。可是小雨不依不饶，不是偷偷翻看涛子的手机，就是跟踪涛子，甚至闹到了涛子的单位，指责涛子和单位的一个女同事有染。涛子被这样的婚姻生活逼得实在受不了了，渐渐地不再回家，在外面租了房子。女同事因为谣言，迫不得已辞了职。涛子感觉对女同事很愧疚，就想多接触一些来弥补一些她的损失，渐渐地两个人真的产生了感情。

这是小雨的婚姻故事。为什么刚开始涛子明明没什么，她却如此敏感？原来小雨的爸爸妈妈曾经也是一对神仙眷侣，但小雨的爸爸长期在外地工作，后来出轨了，她的妈妈因为这件事情深受打击。小雨的童年就像一场噩梦一样。小雨长大以后，很怕遇到像爸爸那样的人，努力想要找一个真正对自己好、对自己不离不弃的人，但是她又害怕母亲的遭遇在自己身上重演，结果又不由自主地把母亲的那种心态和认知带入其中，以致让她的婚姻也变成了一场噩梦。

就像瑞士心理学家荣格所说的那样："那些保留在我们生命中无意识的创伤并未得到解决，所以它才以一种宿命的形式重现于我们的生活中。"

自我觉醒，避免代际创伤向下传递

父母会通过行为、情绪、语言、潜意识等方式教育和影响我们，难免会把他们的伤痛传递给我们。那我们该如何避免代际创伤向下传递呢？

1. 承认父母留给我们的创伤也是有价值的

父母及其上一代长辈的人生经历我们可能并不清楚，也不能对他们经历的苦难感同身受，但是可以确定的是：他们的价值观、总结出来的人生经验是适合他们的，是他们最好的选择，对此，我们需要有敬重之心。即使创伤给我们的主观感受是痛苦的，但这也是父母传递给我们的爱。

比如，很多家长让孩子高强度地学习各种知识，周末都安排得很紧张，对孩子的要求很高。孩子即使比其他人优秀，但是内心也会很痛恨父母的控制。

但是父母这样做是因为他们当年就是通过学习改变了自己的命运，学习成了决定命运最重要的抓手。所以，他们也希望孩子可以有更好的命运。孩子要想走出来，就要先清楚这份爱，并放下怨恨。

2. 了解父母心理创伤的来源

如果你指责你的母亲从小对你总是很挑剔，没有给到你足够的关注和欣赏，你可能因此而疏远她。在疏远她之前，你或许可以问一问：她身上发生了什么？是什么让她无法足够多地爱你？也许你的母亲在她的母亲那里经历了某种创伤，所以限制了她抚育你的能力。你一直渴望从她那里得到的爱，也是她所缺失的。

丽丽和母亲的关系很疏离，她感觉母亲对她不亲密。直到有一天，母亲和她讲起自己的童年，她才明白原因。原来外婆年龄很小的时候就远嫁给外公，深受婆婆的虐待，外婆不敢顶撞长辈，就把气都撒在孩子身上，无缘无故就会打骂孩子。丽丽的母亲就是在这种缺乏安全感的环境中长大的。她能在自己这一代做到不打骂孩子，都已经是她能做到的最大努力了。

3. 辩证地看待父母带给我们的创伤

为了更好地传承长辈带给我们的资源，减少无意识的负向传递，我们可以拿出时间来思考父母带给我们的正向和负向的影响是什么，然后保留正向影响，尝试转化负向影响。

晖非常痛恨他的父亲。因为他是一个赌徒，把家底都输光了，由于无法面对大家，就跑路了，抛弃了母亲和年幼的自己来面对这个烂摊子。父亲只有一次晚上偷偷回家时，在他耳边说：“孩子，长大了，千万不要活得像我一样！”他当时不知道如何面对父亲，就闭着眼睛假装睡觉。晖成年后，确实活成了另一个样子，事业有成。但是他一直无法原谅父亲，为有这样一个父亲而备感羞耻。直到他接受了心理治疗，才发现，自己后来的人生何尝不是遵从了父亲的心愿，表达了对父亲的一种忠诚和孝敬呢？

在成长的过程中，如果你体验过父母正向的、充满爱的语言或行为，就会主动地去寻找这些记忆。即使他们给你留下了创伤，如果你可以辩证地看待问题，也能在一定程度上修复代际创伤。

这样，我们保留的不是创伤，而是长辈们留给我们的财富。我们都可以从家族的传承中获得滋养和力量！

第七章

找回缺失的爱：你缺的不是爱，而是爱的能力

一个缺爱的人是无法给出爱的

> 若你不爱自己，你便无法来爱我，这是爱的法则，因为你不可能给出你没有的东西。

人们常常认为爱是人类与生俱来的本能，人人天生都会爱。生活中之所以出现很多爱的悲剧，都是因为人们爱错了对象。

对此，美国社会心理学家弗洛姆却认为爱并非人类的本能，而是一种需要后天学习并不断实践的能力。爱的问题不在于爱错了对象，而是爱的能力出了问题。

比如：有人为家人、为朋友牺牲自己，付出一切，以为这就是爱；有人要求自己和爱人之间不能留一点儿私密空间，认为这样才爱得坦诚和忠贞……其实，这些都不是爱，而是打着爱的名义在索取爱和控制爱。

这不由得让我想起不久前的一位来访者——潘女士。

35岁的潘女士在一家三甲医院做管理工作，她有一个8岁的女儿，老公是国企中层领导。一切看上去都十分美满。

“连我的朋友都骂我矫情，说我是身在福中不知福。”潘女士苦笑着，缓缓道出自己的苦闷，“我和老公结婚10年，我什么事儿都把他想在前面。我自己舍不得穿、舍不得用，但给他花钱一点儿都不心疼。有了女儿之后，我就是老公第一、女儿第二，给女儿报最贵的兴趣班。但这爷儿俩好像并不领情，反而指责我的做法让他们很有压力、很反感。这真是太让我寒心了。”

说到这里，潘女士的眼泪像断了线的珠子扑簌簌地往下掉。隔着一张茶几，我都能感受到她那无声的眼泪里裹挟着无助和压抑的情绪。

长长的一段沉默之后，潘女士继续缓缓说道："就拿最近的一次来说吧。老公过生日，我想给他买一双皮鞋，选来选去，看中了一双意大利进口的，一万多。他说太贵，死活不要。但我还是坚持买了，还很得意地和他说：‘你看，我多重视你啊，给你买这么贵的生日礼物。你就很少能为我做到这个程度。’结果，他立马就炸了，说我这么做无非就是想让他对我感恩戴德，让他很烦。我们俩就吵了起来。”

伤心和愤怒仿佛耗费了潘女士不少力气，她的语气更加低缓而无力："都说家是温暖的港湾，而我的家却是冷冰冰的。我现在一回家，老公就玩手机、看电视，不愿意和我说话。女儿更是，本来还和爸爸在客厅有说有笑的，一看到我就赶紧跑回自己房间。我在自己的家里，被我最亲的两个人孤立了！我感觉好像有刀子在戳我的心。我从小被寄养在亲戚家，没享受过家庭的温暖。我本来想着，我好好地对老公、对女儿，就可以得到他们同样的回馈，一家人其乐融融，没想到……我现在愤怒、失眠、吃不进东西、暴瘦。

上个月去看医生，确诊是中度抑郁和焦虑。现在，工作也受到了影响……”

一个缺爱的人是无法给出爱的

听着潘女士的讲述，我对她的印象逐渐清晰起来：这是一位极度渴望爱和关注，却又在不断索取爱的过程中把爱人远远推开，让自己更加孤独、匮乏的女士。

在潘女士看来，她全身心地爱着自己的老公和女儿，也通过实际行动明确而真实地表达了她的爱。但老公和女儿非但不领情，反而更加远离她、孤立她。这让她又费解又寒心。实际上，潘女士并没有意识到，她的行为其实并不是在表达爱，而是借着爱的名义在向老公和女儿索取爱和关注。

潘女士有着糟糕的成长经历，让她的内在很匮乏，内心很缺爱。她潜意识里希望通过自己“爱”的付出，换取他人爱的回馈，来填满自己内心那个爱的空洞。也正因如此，她的“爱”是带有胁迫性的。她的每一次付出都仿佛在向接受“爱”的一方说：“看，我给你的爱多么丰盛，你也应该回报给我同样的爱！这样才对得起我。”

这让潘女士仿佛变身成了一个永远也无法填满的黑洞，使所有想要靠近她的人都感到自己似乎要被这黑洞淹没、吞噬，这种巨大的恐惧自然会让人逃离。这也就是潘女士的老公和女儿不敢靠近她的原因所在。

需要爱，渴望爱的满足和滋养是每一个身心健康的人最基本的心理需求。长期缺乏爱的滋养，人的身心健康就会出现严重问题，常常会感到无助、孤独、焦虑和沮丧，甚至会患上抑郁症等心理疾病。

但是，爱不是索取来的，而是吸引来的。要想得到别人的爱，我们首先要学会爱，特别是要学会爱自己。因为一个缺爱的人是无法给出爱的。正如美国家庭治疗专家维吉尼亚·萨提亚女士所说的："若你不爱自己，你便无法来爱我，这是爱的法则，因为你不可能给出你没有的东西。"

像潘女士一样，在现实生活中，总有些人在成长的过程中，因为这样或那样的原因，导致爱严重缺失，内心犹如有一个巨大的空洞，渴盼被人用爱来填满。

缺爱的人很难有高质量的关系

内心缺爱的人，在与人相处时，总是喜欢讨好他人，就像案例中的潘女士一样，他们往往具有讨好型人格，不懂拒绝，为了赢得别人的关注和爱甚至不惜牺牲自我。做事前，他们会想别人的反应；做事时，他们会主动迎合他人的期待。在潜意识里，他们觉得只有迎合他人，让他人高兴，对方才愿意和自己建立关系；反之自己就会被抛弃、被孤立。所以，一旦他们在乎某个人，就会为这个人付出一切，哪怕委屈自己、伤害自己，也在所不惜。

内心缺爱的人因为不够爱自己，所以他们在人际交往中容易将情感寄托在他人身上，他人的一个眼神、一种语气都会左右其情绪。他们因而也比较恐惧现实世界，更愿意在虚拟的网络世界中寻找寄托，只有隔着屏幕和人交流才觉得自在、安全。

因为缺爱，他们的内心总是充满了恐惧和不安，这种心理会慢慢演化成强烈的占有欲和控制欲，希望能完全掌控身边的人和感情，认为只有这样自己才是安全的。然而，这种控制欲往往会加速感情的破裂，让内心缺爱的人再次受到伤害，形成恶性循环。

内心缺爱的人，自我价值感比较低，认为自己不值得被爱，所以一旦有人对他稍微好一点儿，他就会非常感动，总想着回报对方。他们常常会轻信他人，被人利用和伤害。

很多人将“一辈子为他人而活”当成是一种美德，可是他们不明白，一个不会爱自己的人，也不可能懂得如何去爱他人。如果人没有体验到给自己的爱是怎样的，那么所有给出去的充其量只是爱的代替品，可能是讨好、交换、补偿、依赖、迷恋、需要……但都不是真正的爱。

缺爱，只是爱商不高和自爱力不足

> 爱商，是指一个人理解爱、处理爱、享受爱的能力。

我们在成长的过程中，并没有学习“爱”这门功课。

有的人非常幸运，一出生，照顾者就能给到他满满的爱，让他觉得“我是值得被爱的”“我值得拥有所有我想要的东西”“我的感受很重要，我的感受值得被尊重”，这样带着“爱的雄厚资本”的人，长大了也很懂得爱自己，觉得爱与被爱都是很轻松的事情，有很足的安全感；一份好的工作机会摆在面前，他也会坦然接受，不会惶恐不安；遇到喜欢的人也会努力争取，不会有不配得感，自信自己就是对方遇到的最好的伴侣，不会因为害怕而有所保留。这样的人，天生就爱商很高。

爱商，是指一个人理解爱、处理爱、享受爱的能力。爱商高的人，能够更好地理解他人，更好地识别和处理人际冲突。作为对智商、情商、财商的重要补充，爱商已经逐渐成为人们处理关系和生存发展所必需的重要能力。

现代心理学研究发现，爱商高的人往往能够和他人建立高质量的人际关系，使自己的生活更美满、更幸福。具体来说，爱商高的人有以下特点。

1. 轻松化解人际冲突，赢得更多尊重

爱商高的人更容易和他人建立健康而稳固的亲密关系，即便是遇到一些情感问题，他们也能很好地处理、解决，好好经营自己的爱情和婚姻，所以他们的幸福指数往往都很高。而且，他们也更容易赢得社会的认可和尊重。

一个人的爱商越高，他对社会的贡献就越大，社会威望也就越高。如果这个人成为企业的领导者，那么这个企业或他本人的诚信度和美誉度相应地也会很高。换言之，爱商高的人如果身处高位，将更容易得到全社会的尊敬与爱戴。

相反，爱商低的人因为无法很好地处理人际冲突，往往有着糟糕的人际关系；而糟糕的人际关系又常常引发他们愤怒、沮丧、失望、无助等不良情绪，也更加容易引发自我冲突和人际冲突，形成恶性循环。

2. 更容易找到理想的伴侣

爱商高的人对爱的感受力、觉察力以及对他人的理解力会比较强。所以，他们能够很容易地辨别出哪个人更适合做自己的伴侣。而且，他们也能恰到好处地表达自己的情绪和感受，不压抑、不扭曲，使双方都能够顺畅地交流情感，表达爱意。

3. 能够长久地经营、维系稳固的亲密关系

爱商高的人有足够的智慧经营好一段稳固、优质的亲密关系。他们自身有着很好的自我调节能力，不会对他人有不合理的期待，

也不会苛求他人。当他人或环境发生改变时，他们也能及时调整状态，使自己与他人、环境达到相对和谐。

正因为有了灵活的自我调节能力，爱商高的人能够与他人产生良好互动，他们的感情生活常常比一般人更美满、幸福。

4. 身体更健康，寿命更长

哈佛大学有一项持续了80年的研究——长寿的关键因素是什么？研究小组跟踪调研了800多人，这些人有穷、有富，有名不见经传的小人物，也有杰出的大人物。

最终，他们得到了一个令人震惊的研究结果：影响这些人寿命的关键因素竟然是社会关系。

大多数人都认为，一个人的寿命长短往往和遗传、经济条件有关，而哈佛的这项研究却发现，拥有高质量亲密关系的人往往更长寿。即使这些人的遗传基因、经济条件并没有什么优势，但是，因为他们擅长和他人建立深厚的情感联系，有很好的人际关系和社会支持系统，所以，他们在遇到困境时，能够更好地对抗压力，减少身体炎症，他们的身体也更健康。而能够与他人建立高质量关系的人也往往是那些爱商很高的人。所以，从这个角度来讲，爱商高的人往往也是身体健康、寿命很长的人。

虽然爱商如此重要，但是并不是所有人都那么幸运，可以天生“资本雄厚”。他们在早期的成长过程中，由于照顾者自身都处于疲惫和惶恐中，不仅没有给出足够的爱，还可能给出的是各种限制，他们不断被比较、被嘲讽……这样的孩子长大后，无论多么成功，内心总会觉得自己不够好。

一个人小时候缺爱，那么他长大后，就会特别在意别人爱不爱自己。追求别人的爱就会成为其人生的主旋律，从而在人生中经历一个又一个痛苦和磨难，但是也无法填满内心的黑洞。当他不再把“缺爱”当成讨伐他人的借口，而是作为自我改变的契机的时候，他才开始转弯，才开始觉醒。所幸的是，爱商是可以后天习得，就好比原生家庭给自己设置的“原始代码”，不仅可以破解，甚至可以重新编写。正因为不是天生的好运者，正因为有缺爱的历史，反而更有动力去提升这种能力，开启新的人生。

破解爱的密码，充实你的“储爱槽”

> 用现在的自己安慰过去的自己，才最有力量。

“储爱槽”理论

美国临床心理学家保尔·米尔曾提出“储爱槽”理论，用来描述和衡量一个人的“爱能”——爱的能力。这个理论认为，我们每个人的内心都有一个储存爱的容器，就像是储水的槽子一样，我们有多少爱，就能给别人多少爱。我们刚刚出生时，“储爱槽”都是空的，我们也不具备爱他人的能力，是父母或我们的抚养者将他们的爱一点一滴注入我们的“储爱槽”中。“储爱槽”充盈的人情绪稳定，充满爱心，愿意把爱和善意传递给他人；相反，“储爱槽”干涸的人往往不会爱、不敢爱，也很难善待自己。

媒体人凯一表人才，在北京有一份不错的工作，收入也十分优厚，但让他十分苦恼的是，已进入不惑之年的他，一直没有姑娘愿意和他携手组建家庭。

在咨询中，我了解到，凯小时候是留守儿童。在他1岁多的时候，父母就去外地打工，留下他和爷爷奶奶一起生活。两位老人白天忙农活，凯便和村里的小伙伴到处玩、到处疯。晚上回到家，两位老人也只是关心凯吃得饱不饱，穿得暖不暖。爷爷是一个沉默寡言的人，奶奶则很严厉，常常因为凯淘气闯祸而暴揍他。

凯的爸爸妈妈只有在过年的时候才偶尔回一次家，遇到收入不好的时候，甚至两三年回不了家。虽然爸爸妈妈平时会用手机和凯聊天，但通话的内容也无非是嘱咐凯要听话，要好好学习，很少关心凯开不开心、生活得怎么样。他们唯一表达爱的方式就是尽自己所能地给凯买玩具、衣服、学习用品。

可想而知，在这样的环境里，凯能感受到的爱和关心是很少的，心灵和精神的滋养严重不足。成年之后的凯，情感世界十分匮乏。到了恋爱的年纪，每次遇到心仪的女孩，他一开始都会为对方无条件地付出，比如风雨无阻地接送对方上下班、给对方买贵重礼物、带对方出国游等。

关系稍微稳定一点儿之后，凯便开始患得患失，希望牢牢把对方锁在身边，恨不能天天约会；无法见面的时候就不停地打探对方的行踪，生怕女友做出对不起自己的事情。他的这些举动常常让女友感到窒息和恐惧，最后不得不分手。

就这样，遭遇三位姑娘的分手之后，凯开始觉得不对劲了，在朋友的提醒下，他走进了咨询室。

凯在恋爱中的表现明显就是不会爱。受成长经历影响，凯的“储爱槽”是半空的状态，他不会表达爱，以为爱就是像父母对他那样，不断地给予对方物质上的满足。当恋爱关系稍微稳定时，凯又因为害怕失去而不停地控制对方，甚至到了让对方无法忍受的地步，导致最终走向分手。

像凯这样，内心缺爱、内在匮乏的人，往往是因为他们在的成长过程中缺乏足够的关注、理解和回应。

1. 缺乏足够的关注

英国精神分析学家、研究母婴关系颇有建树的温尼科特认为，孩子是从母亲的目光中认出自己的。如果母亲的目光是充满爱的，孩子的“储爱槽”就是充盈的，他会觉得自己是值得被爱的，他在成年以后就会发展出健康的人格，其内心会充满爱和力量，非常自信。如果母亲的目光是冷漠的，或者根本“看不见”孩子，孩子的“储爱槽”就是空的，他会非常自卑，认为自己是没有价值的、是不重要的，不值得被爱。

2. 不被理解

能够被他人理解和懂得，是一个人安全感和爱的重要来源。如果一个孩子能够被父母理解，他就会感到自己是被爱的。相反，如果一个孩子虽然能够被父母关注，但得不到他们的理解，比如：他因为饥饿而哭闹，妈妈却以为他冷了，给他加被子；他本来想在妈妈温暖的怀抱里入睡，妈妈却把他丢在婴儿车里……长此以往，他就会觉得这个世界十分不友好，长大成人以后，他会对他人、对环境充满敌意；对环境中的一些正常刺激，他也会反应过度。

3. 得不到应有的情感回应

“无回应之地，就是绝境。”这是精神分析领域非常流行的一句话，意思是，如果一个人长期处于无情感回应的状态，就等于处在了绝境中。在一个人的成长过程中，如果父母情感淡漠或者十分自恋，很少回应孩子的需求，甚至连孩子渴了、饿了等基本的生理需求都不能及时满足，那这对孩子来说，无异于是一种精神虐待，是一种严重的心理创伤。

足够的关注、充分的理解、及时而准确的回应，是我们生命的养料，也是“储爱槽”能够充盈起来的源泉。然而，并非所有人都这样幸运，能够在成长过程中得到这些养料的充分滋养。我们也无法再回到小时候，让妈妈以理想中的方式再重新爱我们一次。但是，我们仍然可以为自己做点儿什么——那就是爱自己！就像武汉精神卫生中心主任医师施琪嘉博士所说的那样：“用现在的自己安慰过去的自己，才最有力量。”

学会爱自己

1. 爱自己，先从爱自己的身体开始

比如，养成良好的作息习惯，保证充足的睡眠，吃健康的饮食，每天留出一些时间做自己喜欢的事情，如阅读、听音乐、锻炼等。此外，还可以每天复盘一下自己的优异表现和成绩，以提高自我价值感。

2. 自我关注

爱自己，先从积极的自我关注开始。我们可以充分发挥想象力，想象自己身边始终有一位慈爱的母亲或充满智慧的长者在时刻关注着自己。她在乎、理解我们的所有心情和感受，我们可以安心地向她倾吐任何想法。当我们被负面情绪侵袭时，她会用温柔而善解人意的话语安抚我们，引导我们和自己的负面情绪对话，问问它：“你们从哪里来？”“有着怎样的故事？”……在她的引导下，我们会慢慢养成自我悦纳的习惯，不再苛求自己成为一个完美的人。

3. 自我回应

心理学研究发现，柔软的物品，如亲肤的被子、柔软的毛绒玩偶等对心灵和精神有很强的疗愈作用。我们可以挑选可爱的绒布玩偶或是柔软的抱枕，每天抱着它看书、看电视、入睡；或者养一只小宠物，与心爱宠物的拥抱所带来的疗愈功能不亚于人与人之间的美好互动；还可以参加一些志愿活动，帮助他人的同时也给自己带来温暖。而且，这类活动也可以让自己更好地融入社会，扩大社交圈。

内心缺爱的人，要先学着爱自己，充满自己的“储爱槽”，让自己变得丰盈、滋润起来，才能更坦然地接受别人的爱、回馈别人爱。爱自己不是自私，当你开始懂得无条件爱自己，让自己幸福的时候，你的爱就会自然而然地溢出来流向你身边的人，这种爱才是纯粹的、没有控制的、无条件的真爱。

伴侣关系是修炼爱的最好道场

在伴侣关系中，最能暴露我们内心最为隐蔽、最为脆弱、最为孤独的一面。

心理学认为，人的一生有三次成长的机会：第一次是在出生时遇到爱自己的父母；第二次是遇到了能够滋养自己的爱人；第三次是在养育孩子的过程中重新养育一遍自己，修复童年的创伤。

在伴侣关系中发现和完善自己

在人生这个漫长而艰难的旅途中，若是有一双手牵着自己的手，也许前路能稍稍好走些。

但是，我们潜意识里总希望伴侣能够充当自己的母亲或者父亲，成为我们的保护者、拯救者、照顾者，来满足我们匮乏的部分。的确，伴侣在某些时候起到了这个作用，不过由于他们也是不完整的人，甚至也是住在成人身体里缺爱的孩子，所以伴侣对我们也有同样的期待和要求。由此而生出的种种问题，就成了我们认识自己、发现自己的最好机会。

如果我们不能通过伴侣的“映照”来了解自己，完善自己，那再完美的另一半也很难令我们真正满意。

比如，看到伴侣不小心摔倒了，我们的第一反应不是去安慰和帮助，而是很生气和指责：“你怎么这么不小心呢？”这可能是因为自己在成长的过程中，某些事情做得不好，受到了批评指责，从而埋下了害怕无能的心理情结，所以无法接受伴侣的“无能”，这本是自己人格中最不能面对的部分。

很多成年人的内心里，都有敏感和一触即发的情绪按钮，很容易在亲密关系中被伴侣引爆。伴侣一个无意识的行动或者语言，足以让我们回到过去的情感状态。

雨轩拿着手机在考虑要不要给女友继续发信息。他已经忍了一个晚上了，明明他发过去的信息对方已读，但是却没有回复。他很受不了对方已读不回这种事，每次遇到这种情况，都会勾起他的内心剧场：

“看到了吗？你是不重要的。”

“看来，她不喜欢我。”

“我哪里做得不好吗？哪里得罪她了？”

“她不喜欢我？我还不喜欢她呢，干脆分手算了！”

虽然身边也有朋友劝他：“大家都很忙，不可能把所有的时间都拿来陪你，不要太神经质了！”

可是，已读不回这件事，让雨轩非常没有安全感。后来，在深度咨询中了解到，原来雨轩小时候经历过一件事：父母把5岁的他送到乡下的奶奶家后，就不见了。连续两年没有交代，没有回应，没有消息。

当然，父母当时是因为犯案坐牢，不想影响小小的雨轩而匆忙离开，可是对于一个小孩子来说，那种被遗弃的感觉深深地刻进了骨髓。在亲密关系中的一件小事，就可以掀起很大的情绪，那一定是有许多还未消化好的往事在牵动。

所以，在伴侣关系中，最能暴露我们内心最为隐蔽、最为脆弱、最为孤独的一面。

如果借由这件事看到内在的自己，就会放下对伴侣的不满，转向内心的疗愈和成长，这样，才能进一步挖掘自己的潜能和力量，看见爱和希望。

好的伴侣关系需要放下自我

在与他人相处时，我们每个人都会或多或少地带着过去经历所塑造的固有思维来评判面前的每一个人、每一件事，会下意识地认为“那个人应该如何如何”“这件事必须怎样怎样”，一旦这些人和事不符合我们固有的评判标准，我们就会感到挫败、痛苦。而这些固有思维是没有边界的，于是，我们的痛苦也就没有了尽头。

然而，好的亲密关系会让我们自觉地放弃固有思维，不再用“应该”“必须”苛责自己或他人，进而能够心怀善意地发现和理解真实的自己和他人。

一位丈夫总是在和妻子吵架时气得不发一语摔门而去，妻子认为这是一种冷战，这样的日子没法再过下去，坚决提出离婚。

听了妻子的嚷嚷声，丈夫欲言又止。在我的鼓励下，他才道出了真相。

在这位丈夫的原生家庭中，父母每次吵架，爸爸都会动手打妈妈，有一次甚至把妈妈打得遍体鳞伤。这让他深受刺激。

结婚后的他发誓一定要好好爱妻子，不能重蹈父母的悲剧。但是，夫妻之间难免发生争执。每次吵架时，他都有一种冲动——像爸爸打妈妈一样暴揍一顿妻子。为了避免这样的行为发生，他只好拼命忍住这种冲动，快速离开现场，因为走得匆忙，每次关门的力气总是很大。说到这里，妻子终于明白，丈夫“摔门而去”是担心伤害她，而不是冷暴力。她大为感动，对丈夫也有了更深的理解和爱。

而丈夫也在自己的叙述中发现，他的这份忍耐和压抑是有正面意义的，他也因此找回了自己的力量，活出了和父亲完全相反的人生。在深入了解了彼此之后，他们变得更加恩爱了。

有的人在和伴侣相处时，总是指责对方暴躁、愤怒，却没有静下心来思考伴侣行为背后的含义——可能是伴侣渴望婚姻好好延续下去的一种强烈诉求，只不过他的表达方式不太恰当。如果他不是那么爱你，可能根本没有和你吵架的兴趣，早就和你一拍两散了。

所以，一旦我们能够心怀善意地去发现和理解伴侣为了维护婚姻所做的努力，而不是总要求伴侣“你应该”“你必须”时，我们就是在婚姻中修行自己。

一位资深的情感专家曾说过这样一句话：“好的婚姻是两情相悦，最好的婚姻是彼此赋能。”

的确，婚姻是最好的社会大学。置身婚姻中的两个人，原本有着各自不同的性格、喜好和习惯，这些差异在婚姻生活中常常会成为引发摩擦的引爆点。然而，也恰恰是这些摩擦，让婚姻中的两个人学会换位思考，站在对方的角度去理解伴侣的感受和需求，并通过沟通和妥协重新找到相处的平衡点，达成更为亲密的关系，彼此相互包容、支持和理解，这个过程会极大地提升我们的心智水平以及情商和爱商。事实证明，一个能在家庭关系中游刃有余的人也多半能处理好职场中、社会上的人际关系。

养育孩子，可以趁机重新养育自己

养育孩子是一场修行，父母从中学会了无私付出，懂得了包容接纳，更体验到了生命的庄重。

创作了举世闻名的《哈利·波特》系列的女作家J.K.罗琳在成名之前有着悲惨的前半生。她是一个不被父母期待的孩子，因为他们一直渴望有一个男孩，所以他们对罗琳的到来失望至极，对她的态度也就可想而知。上学后，罗琳的同学也十分不待见她，奚落她、孤立她，骂她是笨蛋。在这种环境中长大，罗琳是极度痛苦和孤独的。

大学毕业后，罗琳便和家人断绝了关系，只身前往葡萄牙发展。

在第一次婚姻中，女儿出生后，罗琳的丈夫失业酗酒，不断谩骂、殴打她，甚至把母女俩丢在大街上，不准她们回家。为了让女儿摆脱家暴的阴影，罗琳选择了离婚，并争取到了女儿的抚养权。她最大的希望就是保护好女儿，让她健康成长。

离婚后的罗琳生活非常困顿，一度精神崩溃想自杀。可她无法割舍下可爱的女儿，为了让女儿快乐长大，罗琳在女儿面前收起悲伤，并在女儿天真无邪的笑容中重新找到了振作的力量，开始疯狂地写作。为了方便一边照顾女儿一边写作，她每天推着婴儿车到有暖气的咖啡馆，伴着最廉价的咖啡，一写就是一整天。

日复一日，《哈利·波特》终于问世了，并很快创造了出版奇迹。罗琳也从一个一无所有的单身母亲变成了跻身富豪榜、最受欢迎的作家。女儿让罗琳找到活下去的勇气和力量，《哈利·波特》让罗琳实现了人生的飞跃。她曾在一次采访中说道："我们不需要魔法来改变世界，因为我们的内心就已经拥有了所有力量。"

罗琳的例子让我们看到：养育孩子的过程可能是父母疗愈自己的最佳机会！

孩子让父母看到自己的无限潜能

比如：过去从来不下厨房的女孩成了妈妈以后，可能会为了让孩子吃得更健康而变身成为美食达人；之前从不敢玩过山车的男孩变成爸爸以后，为了孩子开始挑战各种刺激的游戏，最后发现"原来我也可以"……为了呵护一个幼小的生命，原本沮丧、自卑的我们，学会了勇敢地去爱和去付出，从而丰富和强大了自己。

孩子让父母看见真实的自己

孩子是父母的一面镜子，他们身上的问题，根源往往来自父母本身。比如，很多父母责备孩子玩手机、电脑上瘾，其实，他们自己也往往是整天抱着手机，彼此很少沟通。所以，父母要想让孩子身心健康、三观正确，自身也要好好修行。如果希望孩子善良、有爱心，父母首先要多向他人释放善意。这个过程，就是父母不断完善自我、养育自我的过程。

有父母说，养育孩子，原本以为自己为孩子付出了一切，到最后才发现，成全自己的反而是孩子。

养育孩子是一场修行，父母从中学会了无私付出，懂得了包容接纳，更体验到了生命的庄重。

养育孩子，就是养育我们的内在小孩

不论我们是否愿意承认，都不能抹杀这样一个事实：每个大人的内心都住着一个小孩，那就是我们的内在小孩。内在小孩是我们的一种自我状态。成人的很多心理问题和情绪困扰都与受伤的内在小孩有关。疗愈内在小孩，可以帮我们提升自尊与价值感、增强自爱与自我抚慰的能力。一些心理专家发现，养育孩子的方式和我们疗愈内在小孩的方式十分相似。

比如，父母允许孩子在自己面前坦露真实的情绪。

当孩子哭泣、愤怒的时候，父母首先要做的是接纳，并帮孩子识别、消化这些情绪，而不是指责、要求和压抑孩子。接纳孩子，引导孩子消化自己的情绪，会给孩子满满的安全感，而能够这样做的父母也会在孩子表达情绪或撒娇时得到放松和滋养。

再比如，不轻易评判孩子，不给孩子贴标签。

给孩子足够的空间和自由做自己，就像我们小时候渴望父母宽容、温和地对待我们一样。如果孩子喜欢玩耍，就引导孩子在玩乐中发现更多的兴趣，丰富自己的人生，而不是指责孩子不爱学习、

不务正业；如果孩子不如我们所期待的那么聪明，那就引导孩子多发掘自己更多的闪光点，让他知道，不是只有聪明才会成为人生赢家……给孩子贴标签，粗暴地评判孩子，不但不会让他们变得更好，反而会让他们越来越向我们所评判和指责的方向发展。一旦父母放弃了评判和指责，他们自身也会释放那个一度被苛责的自己，发现人生的更多可能性，充满勇气和爱地看待世界。

要想孩子身心健康，就要允许他犯错。

千万不要打着“为孩子好”的旗号去纠正孩子的“问题”。真正的教育是站在孩子的角度，引导他积极地看待世界和人生，帮他不断提升创造幸福和快乐的能力，而不是自以为是地从自己的视角出发去矫正孩子的言行，甚至指责、打骂孩子。

真正的养育不是惩罚，而是根据孩子的特点因势利导地引导他朝向更好的自己发展。在这个过程中，父母要允许孩子犯错，让他们在错误中学习、尝试、进步。

允许孩子犯错，父母也将学会不再以非黑即白的思维去观察、思考世界，而是允许自己敞开更多的感受，和世界亲密接触。感受是我们的精神生命，人都是按照感受来生活的：感到饿了，就去寻找食物；感到困了，就去睡觉休息；感到难过，就去寻找慰藉……一旦我们能够关照好自己的感受，我们的精神生命就会充满活力……

养育孩子的过程，就是父母回顾人生、疗愈自己的过程：透过孩子，我们可以看见自己的创伤和痛苦，然后借机疗愈和改善自己，让自己成为更好的自己，也成为更好的父母。

第八章

克服焦虑：找到属于自己内心的平静

找到根源，你就知道自己为什么焦虑

有过特定经历的人会本能地回避容易引发痛苦的事物，而一旦遇到与曾经创伤相似的情境，焦虑感就会瞬间袭来。

在现代社会中，无论什么年龄、身份与社会地位，人们都难以避免焦虑的困扰。焦虑让人不舒服，所以我们都想摆脱它。但是，要想真正摆脱焦虑，我们首先需要正视它，了解其根源。

《伯恩斯焦虑自助疗法》一书中提到，面对焦虑，人们往往将原因归咎于外在因素，如考试或工作压力。但这种简单的归因方式并不能帮助我们真正解决问题。

接下来，我们就和大家一起探索有哪些内在的原因导致我们产生了焦虑的情绪。

1. 自我贬低——“我感觉自己太差劲了”

阿娟从小就是乖乖女，直到大学毕业参加工作都听从了父母的全程安排。几年后，已为人妻的阿娟意外发现丈夫出轨，但是那种习惯性接受他人安排的惯性，让她无法面对当面揭穿事情的真相。

在这样隐忍及被冷落的状态下，阿娟的情绪出现异常。细心的母亲有所觉察后，带着她来找我做咨询。她向我倾诉说："我觉得是自己太差劲了，没能留住丈夫的心……"她甚至坚持认为，丈夫出轨的女人一定比自己聪明能干又漂亮，如果自己是那样的女人，丈夫就一定不会出轨。要不是母亲的建议，她甚至打算就此这样生活下去。因为她不敢想象失去丈夫后的生活。

当一个人面临问题，并觉得无力解决时，自卑和无助的情绪往往会悄然而至。此时，思维容易陷入一种抑制自尊的模式，内心会涌现出许多贬低自己的想法。在这样的心态下，与人交往时便容易变得过分胆怯和敏感，甚至无根据地怀疑他人讨厌自己，进而引发深深的焦虑。这便是心理学所说的"自我贬低"现象。

阿娟便是深受其害的一个例子。她需要勇敢地迈出自我成长的步伐，通过学习新知识、寻求专业咨询等方式，逐步建立起自尊和自信，这样才能真正摆脱这种被焦虑笼罩的糟糕状态。

2. 没有安全感——"感觉自己内心不安、受到了威胁"

安全感，是每个人心中的一道防线。一旦感到不安全，焦虑便会悄然而至。

在外部环境变幻莫测时，人们的不安全感就会增强，这是人之常情。但有些时候，我们的不安全感并非源于外界，而是深植于内心。比如，有些人即便在伴侣的专一和忠诚中，仍难以摆脱疑虑，不断寻求证据来减轻内心的不安。然而，这种行为往往适得其反，只会加深彼此的不信任，让安全感更加遥不可及。

面对这样的焦虑，我们需要明白，真正的安全感，更多时候需要自己来给予。只有培养自己的内在力量，建立自己的安全感，才是缓解焦虑的根本之道。

3. 过分追求完美——“我担心我无法做到最好”

有时候，我们之所以担忧，并不是因为一件事可能会被我们搞砸，而仅仅是因为它可能达不到我们内心的期望。

文玲作为公司的企划部职员，对工作兢兢业业，但效果却不尽如人意。因为她总是将自己困在某个环节的瑕疵当中，然后全部推倒重来，结果常常无法按时交付。

文玲这样固执追求完美的人，与其说是从头到尾在追求尽善尽美，不如说是纠结于那些不可避免的不足、遗憾和瑕疵当中。

追求完美可以是一种美好的理想，但是接受残缺才是生活中更成熟的心态。

4. 不切实际的期望——“我想要的东西难以得到”

美国心理学家阿尔伯特·艾利斯在《控制焦虑》一书中指出：不切实际的期望，是造成不必要的焦虑感的原因。比如，有些人迫切地想要买一栋别墅，可自身的财力有限，即使已经非常努力，也无法兑现这个期望，最终陷入了这份焦虑中。

5. 必须强迫症——“我必须……”

“必须强迫症”也是阿尔伯特·艾利斯提出的一个概念，他认为一个人有三种必须信念，就会导致焦虑。

第一种是针对自我的必须信念，比如“我必须成功”“我必须比他人强”“我必须得到他人的认可”等。这会让一个人严重焦虑，担心自己不优秀，遭遇失败。

第二种是针对他人的必须信念，比如“他必须爱我”“他必须这样做”等。这会导致一个人的抗挫能力极差，常常陷入愤怒情绪中。

第三种是针对外部环境的必须信念，比如“工作环境必须符合我的要求”“待遇必须符合我的期待”等。这会使一个人常常因为实际工作境遇有所变化而陷入焦虑。

6．恐惧——“我害怕……”

焦虑最容易与恐惧捆绑，一旦生活中面临恐惧状况，很容易诱发焦虑。比如：财务陷入危机时，会感觉没有安全感，进而产生无价值感和焦虑感；得知新型病毒存在致命隐患却又没有确定解决日期时，无力感、煎熬感和焦虑感就会产生；因为环境、年龄等因素而被人否定、排挤时，也会使焦虑值增加。

7．认同危机——“别人会怎么看我呢”

心理学研究表明，一个人的自尊的形成由自我评价、他人评价与社会评价构成。而因为每个人的成长环境不同，有的人会过于看重他人评价，因此把大部分精力都消耗在他人对自己的品评当中，也因此，他人不经意间的言行举止都会让其陷入焦虑当中。

8．创伤性事件——“那种相似的情境又来了”

经历过创伤性事件后，这个创伤会长久地留存于当事人的大脑记忆中，给当事人带来严重困扰。因此，有过这样经历的人会本能地回避容易引发痛苦的事物，而一旦遇到与曾经的创伤性事件相似的情境，焦虑感就会瞬间袭来。

从以上种种不难发现，无论是哪一种情境所诱发的焦虑，其本质多是这件事情的结果你极为在意，并且让你感觉到了某种不安。

认知行为理论指出，我们如何看待问题比问题本身更重要。虽然深入反思和改变认知过程可能费力且令人不快，但这正是缓解焦虑的关键所在。

因此，我们需要审视自己的内心，寻找导致焦虑的内在原因。通过调整自己的思考方式，我们可以逐渐摆脱焦虑的束缚，重拾内心的平静与安宁。

内外兼修，培养自己的安全感

> 很多时候，我们因为害怕被嘲笑或被拒绝而选择隐藏自己的不安全感，但这只会让我们更加焦虑和恐惧。

小敏，38岁，结婚6年，孩子5岁，日子过得难受，想离婚又下不了决心，已经和我咨询了很长一段时间。

小敏刚过30岁时，正在读研究生，因为担心自己和很多研究生一样，结业后成为“剩女”，加上父母也觉得她年龄不小了，就经过人托人的一番介绍，与现在的老公相识。男方是生意人，一家子做一个公司，经济实力不错，加上小敏是直接奔着结婚去的，双方认识半年后就步入了婚姻的殿堂。

然而，由于没有太多共同话题，时间接触得也不是很长，导致双方从一开始，感情就不是特别深厚，加上后来有了孩子，彼此之间的隔阂就更多了一层。

他们家是那种上下楼的叠拼别墅，时间久了，小敏的老公就开始一个人住在楼下的小房间里，以接待他的生意圈朋友、打游戏等。

不知何时，小敏意外发现老公迷恋上了某个能歌善舞的女网红，他靠打赏的数额和频次很快就霸占了榜上一哥的位置。而且，她还发现老公已经多次出轨对方。小敏有些慌了，尽管两个人感情淡薄，但是有孩子维系，她也有自己喜欢的领域去探索，觉得是安全的，如果真的分开，不知如何是好。

于她而言，这个家的存在，其象征意义比实际意义更为重要，因为当初急于组建家庭，就是为了将其作为堡垒，寻找那份安全感。

如今，困局出现了，她还没有勇气和智慧脱身。

其实，我做婚姻情感咨询这几年来，接触到很多与小敏情况类似的咨询者。她们往往觉得一旦离开对方，尤其还要一个人面对孩子的抚养问题，就感到未来非常迷茫。这让她们无比焦虑。

事实上，她们不知道的是，真正的安全感是在关系中体验到平静和放松，是在自然、温暖和流动的互动模式中获得的。在这个过程中，她们的内心是平静和敞开的，既不防御也不焦虑，不会为获得安全感而讨好他人或压抑自己。

但是为什么很多人无法获得这样的体验呢？这是因为我们本能地复制了原生家庭的那种熟悉模式。如果父母之间以及父母与子女之间的亲密关系糟糕，我们大概率就无法从中获得这份本来就该健康存在的安全感和舒适感。

对异性父母认同的人，很容易找一个类似的异性做伴侣，因为这本身也是一份安全体验，尽管其中夹杂着还没有处理好的不适。这种形式上的安全外壳建立起来后，我们身处其中，就失去了真正意义上的安全感，开启压抑、逃避的心理模式。

在这样的模式下，一旦有来自外在因素的风吹草动，我们就会陷入纠结、无奈的焦虑状态。

那么，如何获得真正意义上的安全感呢？我经常建议我的咨询者从两个部分去努力。

1. 建立内心的安全感

安全感，并非外在赋予的，而是源于我们内心的力量。这份力量，需要我们自己去发掘和培养。小时候，我们或许因为种种原因未能建立起稳固的安全感，但这并不意味着我们无法在成年后去弥补。

建立稳定的关系，是我们在成年后培养安全感的重要途径之一。

家庭，作为我们成长的摇篮，是我们最早接触并学习建立关系的地方。与原生家庭进行情感的沟通，让家庭成为我们坚强的后盾，这无疑能够为我们带来极大的安全感。

此外，我们自主选择的亲密关系，也是我们获取安全感的重要源泉。稳定的伴侣关系，能够让我们在风雨中相互扶持，共同面对生活的挑战。同时，稳定的朋友关系、同事关系、师生关系等，也能够在我们的生活中起到疗愈的作用，让我们增加对自己的信心和认识，以及对外界的信任和好感。

除了建立稳定的关系外，我们还需要学会表达自己的不安全感。很多时候，我们因为害怕被嘲笑或被拒绝而选择隐藏自己的不安全感，但这只会让我们更加焦虑和恐惧。当我们勇敢地面对自己的不安全感，将其表达出来时，我们会发现，原来我们并不孤单，有很多人愿意理解和支持我们。在每一次的表达中，我们都在释放自己的情绪，修复自己的心灵，增加自己的安全感。

2. 从外界获得支持

仅仅依靠内心的力量是不够的，我们还需要从外界获取支持。很多时候，我们因为过于封闭自我而错失了外界的支持。我们需要明白，我们并非孤立无援的，这个世上存在着许多可以给我们提供支持和帮助的人和资源。

学会利用社会支持系统，是我们在面对困难时的重要策略之一。无论是亲朋好友的关心与支持，还是专业心理咨询师的帮助与指导，都能够为我们提供宝贵的资源和力量。当我们学会向外界寻求帮助时，我们会发现，原来我们的困难并不是无法克服的，有很多人和资源都在默默地支持着我们。

同时，我们还需要从现实层面提升自己，让自己切实感受到安全感。努力工作、努力挣钱、努力给自己创造稳定和幸福的生活，这些都是我们在现实层面提升安全感的重要途径。当我们通过自己的努力获得了一定的物质保障和稳定的生活时，我们的内心也会变得更加安定和自信。

我的那些来访者，最终无不是因为自我内在坚定和充盈，而缓解了不安全感所带来的诸多焦虑。当我们的内心获得充足的安全感时，我们就能够激发出强大的创造力，大幅度提升我们的生命质量。

最后，我想说的是，只要我们愿意付出努力，就一定能够找到那份属于自己的、真正意义上的安全感。最终实现用行动战胜焦虑，重拾内在安定。

带着焦虑仍然可以好好生活

> 一切未必有你想象的那么容易，但也未必有你想象的那么复杂。事情也并非你解决了一个问题，它就永远不会发生。

顺子是我咨询同行的同学，考虑到熟人关系带来的咨询不便，咨询同行就将他转介给了我。顺子不到40岁，举止、穿着尤为讲究，收入也算不错，但在他没有开口之前，我还是看出了他眉宇间透出的丝丝感伤。

果然，顺子近年来有些不顺，他一直深受焦虑情绪的困扰。顺子的家里有个中医馆，家里人希望他能回去做运营，一方面是有传承的期待，另一方面也是希望他有一个稳定的家庭。但顺子有自己的打算。他想留在北京继续闯荡，等培养好能力、有良好的心态时再回去。而且，他也没有太多精力考虑感情方面的事。

但时间久了，父母的期待让他开始焦虑起来，他不知道如何改变现状，希望我能帮他走出这种两难选择的困境。

当顺子第三次找到我时，他的焦虑又增加了一个：老家中医馆有个新来实习的女医生，各方面能力都不错，还是个研究生，父母希望他尽快抽时间回去碰面，看看是否有机会发展一下感情。

两个月的时间过去了，顺子并没有如约来做咨询。又过了一个月，我工作微信收到他的留言。原来他已经回到了老家，而且与那位女医生的关系已经发展到了谈婚论嫁的地步。并且，他还对我表达了我对他的陪伴和引导的感谢。

事实上，我也没有什么两全其美的选择建议，我只是在一次咨询中告诉他："不要紧，带着你的焦虑，不妨碍你继续完善你的生活。"

我依然清晰记得顺子在那次咨询中的哭泣，那种长久的焦虑导致的憋闷，如同瞬间找到了一个出口，他说道："我一直觉得这种小事不会把我怎么样，没想到我每天都在煎熬中度过。但是，我也没想到，原来带着这份焦虑，我居然可以继续面对我的工作和生活。"

是的，一切未必有你想象的那么容易，但也未必有你想象的那么复杂。事情也并非你解决了一个问题，它就永远不会发生。在这个过程中所产生的焦虑情绪，如果你不能接纳和顺其自然，就如同抽刀断水、剪不断理还乱般的存在。

我们之所以习惯于先处理好某一件事情所带来的焦虑，再做新的决定或新的开始，主要因为如下两个问题。

1. 对负面情绪的抵触

因为谁都不希望负面情绪干扰自己，就会想办法彻底清除，这种抵触的心理让我们焦头烂额。但很多时候，事情的突破恰恰来自接纳的那一刻。你接纳了这种"不好"，它反而能慢慢地从你的头脑中抽离而去。

我认识的一位大学美术老师，在准备研究生考试时，从备考到考试的一年半的时间里，她因为考试焦虑到坐立不安，有时候哭泣，还偶尔伴随着一些小动作。考前最后一个晚上，她索性不再看任何与考试有关的资料，然后告诉自己："爱怎样就怎样吧，从今以后，我再也不会参加什么考试，再也不会把自己逼成这样。"那一刻，她得到前所未有的放松，似乎与那种焦虑绝缘了。

出现这种神奇的时刻，正是因为她接纳了自己的情绪。并且，她顺利通过考研后，也没有放松对自己的要求，各类考核、考试依然正常面对，只是再也没有之前的那种考试焦虑了。

2. 对事情的掌控感

很多事情，一旦不能直接掌控，就会引发焦虑。

紫宸的儿子上小学六年级，因为工作关系，紫宸无法再亲自接送孩子，孩子一个人乘坐公交车上下学。每天只要孩子放学后不能按时回家，紫宸便坐立不安，总感觉心口有东西堵着，呼吸都有些紧张。

一天，紫宸在公司加班，6点钟左右，她打电话到家中，却没有人接听，5分钟后她再次打过去，仍然没有人接听。儿子还没有回家吗？是不是路上出什么事情了？紫宸越想越心急，站也不是，坐也不是，最后竟晕倒在了办公室内。

同事把她送到医院后，她才知道自己是因为焦虑引起的晕倒。经过我的引导，紫宸说自己十分担心孩子，孩子每天都要换乘三趟公交才能到家，而且那一路交通状况不太好，经常出现车祸，所以她害怕孩子在上下学路上发生事故，每天这样担忧，久而久之，就患上了焦虑症。

针对紫宸的情况，我询问了紫宸的邻居，问他们孩子上学的状况。原来他们的孩子也和紫宸的孩子一样，每天要换乘三趟公交才能到学校。其中最小的一个孩子才10岁，但其家长并没有表现出过分的担心，反而觉得孩子通过自己上下学，自理能力强了很多。

虽然听到邻居这样说，紫宸还是不放心。于是，我建议她跟着孩子上下学一次，但是不要干涉孩子。紫宸根据我的指示做了，她发现孩子能够处理好路上遇到的一切问题，过马路看红绿灯，从不违反交通规则，上车也不挤不抢，甚至不买路边摊上的小吃。看到这一切，紫宸大大放心了。

之后，在紫宸的建议下，小区里的孩子组建了一个“安全小分队”，由年龄最大的孩子负责，每天大家一起上下学，既增加了友情，又保障了安全。这次，紫宸的焦虑情绪得到了缓解，她慢慢放弃了所谓的全能掌控感，接受了孩子长大需要独自面对生活中的变化，接受了自己力量有限的现实，让一切自然发生。

在现代快节奏的生活中，焦虑情绪常伴我们左右。但众多心理学流派均指出，与其逃避，不如正面应对。

首先，我们要做的是觉察并接纳自己的情绪。不评判、不抵制，让焦虑自然流淌。其次，我们要深入探索焦虑背后的原因，它或许是对未知的恐惧，或许是对失控的担忧。只有我们真正理解了自己的焦虑，才能找到应对之道。

生活不会因为焦虑而停滞，我们也不必因焦虑而惶恐。学会与焦虑共处，我们依然可以活出精彩的人生。

一切焦虑的本质，都是对死亡的焦虑

每个人都会在人生的某个阶段感受到死亡焦虑，这种焦虑会以各种形式出现在我们的生活中。我们害怕生命的流逝，害怕自己留下的痕迹被时间抹去。

周丽快要40岁了，最近她和我说，每次她感到高兴、紧张或者没事做的时候，脑海里总会闪现一些和死亡有关的画面，比如：父母在街上出车祸；女儿爬山发生意外；自己或老公被锁在房间里，然后房间突然着火；等等。

我问她，是不是最近身边有亲友离世或发生意外，让她心里有些不舒服。周丽想了想，点点头，说她最近还总是觉得心慌气短。

其实，周丽现在的感觉，就是大家常说的“死亡焦虑”。也就是说，不管她的心情是好是坏，只要有一点点情绪波动，那种“会不会有什么意外导致死亡”的担心就会冒出来。

《存在主义心理治疗》一书中讲到，其实所有的焦虑，归根到底都是对死亡的焦虑。当一个人开始经常担心自己的身体，而不是像以前那样更关心工作、梦想和财富时，那他就可能开始有这种死亡焦虑了。

简单来说，周丽现在的情况，就是心里对死亡有点儿害怕和担心。这其实是很正常的，每个人都会有这样的时候。但重要的是，我们要学会去面对和处理这种焦虑，让生活变得轻松愉快。

死亡焦虑如影随形

小时候，我们总是害怕那些看不见、摸不着的鬼怪，其实那背后，是我们对死亡的模糊而恐惧的认知。因此，怕黑、不敢独自走夜路、不敢一个人睡觉，都是这种恐惧的反映。

但长大后，我们对死亡的恐惧变得更为复杂。它不再只是鬼怪，而是变成了一种深深的社会性恐惧——担心自己的声音被淹没，需求无人回应，被遗忘在角落。这就是社会性死亡。

为了对抗这种恐惧，我们努力追求权力、金钱和影响力，希望这些能给我们带来安全感。我们报课、买书，渴望立刻变得与众不同，拥有那种独特的优势。但往往这种急于求成、低水平的努力，反而让我们更加焦虑。

其实，真正的安全感，不是来自外在的拥有，而是内心的平和与自信。当我们学会面对和接受死亡这一生命的必然，我们就能更加珍惜现在，活出真实的自己，减少那份无谓的焦虑。

不久前，我看了一部电影，名叫《伊尼舍林的报丧女妖》。这部电影让我深深感受到了死亡焦虑所带来的挣扎与痛苦。

故事发生在爱尔兰一个偏僻的海岛上，岛上的居民过着与世隔绝的安静生活。主人公康姆，一个中年男子，每天下午都会与好友派德里克相约去酒吧聊天消遣。然而，有一天，康姆突然变得冷漠，拒绝与派德里克交谈，甚至绝交。

派德里克对此感到困惑不解，他不明白为什么好友会突然变得如此冷漠。在酒吧里，他四处寻找线索，试图了解康姆内心的想法。最终，在逼问下，康姆说出了他的真实想法。

康姆说，他感觉到时间在他身上无情地流逝，他不想再浪费生命在无意义的聊天上。他渴望用剩下的时间来思考和创作，留下自己的印记。他害怕死亡，害怕自己的生命在毫无意义的闲聊中悄然消逝。

每当岛上的钟声响起，康姆就会感到离死亡更近了一步。为了对抗这种无法摆脱的死亡焦虑，他选择放弃社交，全身心地投入小提琴的演奏和乐曲的谱写中。他希望通过这种方式，在这个世界上留下自己的痕迹。

然而，派德里克无法理解康姆的焦虑。他迫切地想要知道真相，却一步步将两人之间的关系推向了深渊。最终，康姆为了表明自己的决心，不惜砍掉自己的手指，甚至整只手。而派德里克也因为愤怒烧掉了康姆的房子。

在这场由死亡焦虑引发的战争中，两人都付出了巨大的代价。他们在这座空寂无聊的小岛上，孤独地对抗着内心的恐惧和焦虑。电影以他们可能无法结束的纠缠作为结局，给人们留下了深深的思考。

其实，我们每个人都会在人生的某个阶段感受到死亡焦虑。这种焦虑可能不如电影中康姆的那样强烈，但它却会以各种形式出现在我们的生活中。我们害怕生命的流逝，害怕自己留下的痕迹被时间抹去。

然而，正是这种焦虑，让我们更加珍惜生命中的每一刻。它让我们思考如何更有意义地度过每一天，如何留下真正属于自己的印记。虽然死亡是不可避免的，但我们可以选择如何面对它，如何在有限的时间里活出自己的精彩。

现在，请想一想，在日常生活中，你是否曾突然感到没来由的焦虑，仿佛心头笼罩着一层无形的阴霾？或者脑海中不时闪现出与死亡相关的恐怖画面，让你夜不能寐？这些症状可能意味着你内心的死亡焦虑已经被激活。别害怕，这是每个人生命中都会经历的一课。

死亡焦虑，就像是我们内心深处的一个幽灵，时常在不经意间出现，扰乱我们的心绪。它可能表现为对失业的恐惧、对家人健康的过度担忧，或是那些突如其来的死亡幻想。当我们陷入这种焦虑时，身体也会出现不适，如冒汗、气短、心慌等，甚至可能因此失眠或从梦中惊醒。

然而，死亡焦虑并非完全负面的情绪。正如阿根廷作家博尔赫斯所说："是死亡赋予了生命意义。"正是因为生命的有限性，我们才会更加珍惜每一个瞬间，更加努力地去追求自己想要的生活。每一次告别、离开都可能成为最后一次，这让我们更加明白生命的宝贵和脆弱。

如何减轻死亡焦虑

那么，如何减轻对死亡的焦虑呢？这里，我为大家推荐两种方式。

首先，用爱与他人相连。美国心理学家欧文·亚隆曾指出："生命的联结，或者称之为爱，使我们有能力面对死亡。"与家人、朋友建立深厚的情感纽带，分享彼此的喜怒哀乐，会让我们感受到生命的温暖和意义。当我们不再孤单时，就能更加坦然和勇敢地面对死亡。

其次，寻找生活的意义感。回顾自己的成长历程，重温那些快乐的时光和有意义的经历，可以让我们重新认识到生命的美好和价值。当我们明确了自己的人生目标和追求时，我们就会更加珍惜当下的每一刻，不再为未来的不确定性而焦虑和恐惧。

认识死亡、理解死亡，是每个人都需要完成的"人生作业"。它让我们更加珍视生命的每一个瞬间，更加努力地追求自己的梦想和目标。在这份作业上，我们或许无法写出完美的答案，但只要我们用心去感受、去体验、去成长，就一定能够书写出属于自己的满意人生。

第九章

战胜抑郁：一个小小的改变就能放过你自己

为什么有人看起来很乐观，也会得抑郁症

有些人看似乐观，但内心可能承受着巨大的压力和困扰。他们可能选择了以乐观的面貌示人，以隐藏内心的痛苦。

喜剧大师卓别林有个段子：

一个得了严重抑郁症的人去看医生，医生说："最近我们城里来了一个特别幽默的人，已经在街上讲了三天笑话了，所以全城的人这几天都过得特别开心，我建议你去找找他。"

这个人说："我就是你说的那个特别幽默的人。"

看起来搞笑幽默的人也会患抑郁症，这个现象并不少见，喜剧大师卓别林其实也患有抑郁症。不仅如此，憨豆先生、金凯瑞、罗比·威廉姆斯这些著名的喜剧演员也都患有抑郁症。

不开心和抑郁情绪≠抑郁症

看起来开心、幽默的人，也会得抑郁症？这是很多人不太理解

的地方。不开心、抑郁和抑郁症到底有着怎样的区别和联系呢？

不开心是生活中常见的短暂情绪，可能源于生活中的小挫折或不如意，通常可以自行调节和缓解。而抑郁，则是一种更为深沉、持久的情绪状态，它可能源自更深层次的心理或生活问题，需要更多的关注。

然而，只有当抑郁情绪持续时间较长、程度较深，且影响到正常生活时，我们才会称之为“抑郁症”。这是一种需要专业治疗的心理疾病，而非简单的情绪问题。

微笑抑郁症：隐藏在笑脸后的悲伤

陈婷，一位在大型科技公司担任项目经理的职场女强人，在外人眼中，她是个阳光、自信且充满魅力的女性。她的同事们总是被她那招牌式的微笑所感染，大家都觉得她是那种永远充满正能量的人。然而，在陈婷的家里，她的丈夫林浩却看到了她的另一面。

林浩是一名资深的软件工程师，他和陈婷结婚已有五年。他清楚地记得，新婚时，陈婷总是那么活泼开朗，他们的家总是充满了欢声笑语。但随着时间的推移，尤其是陈婷晋升为项目经理后，她变得越来越沉默，那张曾经总是挂着笑容的脸也变得越来越少见了。

林浩开始注意到，陈婷在家里经常独自坐在一边，对他的问候也常常是敷衍了事。有时，他甚至能从她的眼神中看到一丝不易察觉的忧郁。林浩以为这只是暂时的，毕竟工作压力大，每个人都会有情绪低谷的时候。

然而，过了一段时间后，情况并没有好转。陈婷不仅在家里变得更加沉默，甚至对他们3岁的儿子也显得有些冷淡。但奇怪的是，每当林浩的同事或朋友来家里做客时，陈婷又会变得热情洋溢，她会忙前忙后地准备各种美食，笑容满面地与大家交谈，仿佛之前的忧郁都是假象。

林浩开始感到困惑，他不明白为什么妻子在人前和人后会有如此大的反差。他咨询了一位心理学专家，对方告诉他，陈婷可能患上了微笑抑郁症。

在林浩的耐心劝说下，陈婷终于同意到心理诊所接受治疗。经过与心理医生的深入交流，陈婷逐渐敞开了心扉。原来，她一直在用微笑来掩饰自己内心的痛苦和孤独。她害怕别人看出她的脆弱，所以总是努力保持一种完美的形象。但这种伪装让她感到更加疲惫和压抑。

心理医生告诉陈婷和林浩，微笑抑郁症是一种常见的心理疾病，它不同于传统意义上的抑郁症。患者往往在人前表现出开朗、乐观的一面，但内心却承受着巨大的压力和痛苦。由于这种疾病的隐蔽性，很多人往往无法及时发现和治疗。

经过心理治疗，再加上家庭的支持，陈婷逐渐走出了微笑抑郁症的阴影。她开始学会面对自己的真实情感，不再用微笑来掩饰内心的痛苦。她的家庭也因此变得更加和谐幸福。

抑郁症的来源

《美国精神医学杂志》近期发布的研究引发了广泛讨论，其观点指出抑郁症与遗传基因并无直接关联。研究进一步揭示，童年经历创伤性事件或近两年遭遇创伤性事件的人，更易受到抑郁症的困扰。

深入剖析，抑郁症的成因复杂多样，主要包括以下六个方面。

第一，家庭因素至关重要。父母若患有抑郁症，其情绪与思维特点可能影响孩子，增加他们患抑郁症的风险。即便父母非抑郁症患者，不良的教养方式或家庭问题同样可能增加孩子日后抑郁的风险。

第二，身体疾病也是一大诱因。慢性疾病患者因身体不适，可能长期影响工作、社交与娱乐，进而消磨意志，导致精神倦怠与心情低落。

第三，分离、丧失和死亡等人生重大事件，如亲友离世、天灾人祸等，常引发巨大悲痛，若应对不当，更易诱发抑郁症。

第四，高强度压力事件，如高风险工作或重要考试等，使精神负担加重，从而可能诱发抑郁。

第五，虐待与欺凌，尤其是幼年时期的家庭暴力或成年后的伴侣虐待，会对个体自尊与安全感造成严重影响，增加其抑郁的风险。

第六，重要人际关系的和谐与否对个体的心理健康至关重要。若家庭、婚姻等关系存在问题，可能导致长期情绪困扰，进而诱发抑郁症。

因此，我们需要关注自身的生存环境、工作空间，并留意情绪变化。当感到压力或困扰时，应及时寻求帮助，避免情绪问题恶化。同时，我们也应给予身边看似乐观的人更多的理解与关心，他们可能正承受着巨大的痛苦。

抑郁症虽痛苦，但也可视为身体发出的求救信号，所以，请勿紧张，无须因自己的状况感到绝望与恐慌。抑郁症只是身体在无助中的自我保护机制，方式或许极端，但无须惧怕。

并非每个人都会达到抑郁症的程度，但是抑郁情绪是常常弥漫在我们身边的情绪烟雾。每当抑郁来临时，请深呼吸，向自己的身体传达这样的信息：“我听到了你的呼唤，从今天起，我会细心呵护你。我会做到饮食有规律，保证休息充足，不再苛责自己。我会温柔地鼓励自己，逐渐变得更好。在我心中，身体和情绪无可替代，我会竭尽全力守护你们的安宁。”

产后抑郁症：最容易被家庭忽略的心理疾病

> 产后抑郁症除了与体内激素水平的变化有关，更与新妈妈们生活方式的巨大改变和心理冲击密切相关。

极少有人知道这个常识：因为激素的剧烈波动，尤其是雌激素和孕激素在产后的断崖式下降，伴随着新生宝宝而来的，还有新妈妈的产后抑郁症。那些产后忽然变成“坏妈妈”的母亲，往往经历着家人难以想象的不堪和挣扎。

很多新妈妈挣扎在产后抑郁的困境中

有数据显示，目前我国产后抑郁症的发生率为17%，也就是每出生100个新生儿，就有17位妈妈患上产后抑郁症。这还是被诊断的统计数据，估计还有50%的产后抑郁未被诊断。

在一个女性沙龙活动中，新妈妈小秋分享了她的产后抑郁经历，并深入剖析了其中的原因。她的话语深刻而真挚，触动了在场每一位新妈妈的心弦。真希望她的这些真实的分享，能让更多的家庭提前预警，做好准备，从而能让新妈妈在产后更好地调整心态，避免陷入抑郁的困境。

产假本应是一段休息和恢复的时间，但对小秋而言，却成了一段前所未有的疲惫之旅。

半年里，她几乎没有享受过一个完整的夜晚，每隔几个小时就会被宝宝的哭声唤醒，喂完奶后，自己却久久不能入眠。白天，她忙碌于照顾宝宝，有时甚至到了傍晚才发现自己连基本的洗漱都未曾完成。

产假结束后，当她重新回到医院值夜班时，那难得的深入睡眠竟让她对护士的敲门声充耳不闻，最后竟需要护士搭梯子从窗户爬进来才能将她唤醒。这种对比鲜明的经历，让小秋深刻地感受到了产后带孩子的艰辛。

除了身体上的疲惫，小秋还感受到了生活的单调。孩子刚出生的时候，他们的生活似乎只剩下了喂奶、换尿布和哄睡。这种日复一日的重复让她的生活失去了往日的色彩，也让她感到无比压抑。她有时在洗澡时都会感到矛盾，既想快点儿洗完回去照顾宝宝，又想在短暂的自由时光里多待一会儿。这种内心的挣扎让她感到无比痛苦。

更让小秋感到痛苦的是孤独。产后的生活重心全都围绕着宝宝，她几乎没有时间和朋友交流，也不能像以前那样随意出门。大部分时间，她都是一个人待在家里，与外界失去了联系。这种感觉让她感到无比的孤独和无助，仿佛自己被困在一个小小的世界里，无法逃脱。

同时，小秋也面临着自我价值感的缺失。她曾经有着一份体面的工作和稳定的收入，但现在，她却只能在家里带孩子，这让她感到自己的价值被贬低。她有时会将自己和保姆相提并论，觉得自己的付出并不比保姆多，但得到的回报远远比保姆少。这种想法让她感到无比痛苦和焦虑。

其实，小秋所经历的这些困扰，是很多新妈妈都会遇到的问题。据统计，有相当大一部分的产妇在产后都会经历一段忧郁期，其中一些人的症状还会比较严重，影响到了正常生活，这就是我们常说的“产后抑郁”。这种抑郁除了与新妈妈们体内激素水平的变化有关，更与其生活方式的巨大改变和心理冲击密切相关。

对于小秋来说，产后离职在家照料小孩这种生活方式的改变，对她的心理造成了很大的冲击。她需要适应新的角色和生活方式，同时也要面对生活中的各种挑战和压力。这种应激性事件导致她情绪失调，进而引发了产后抑郁。

然而，我们也需要理解，做母亲并不是一件轻松的事情。它需要很多的育儿知识、很强的耐心和深沉的真爱。尽管社会上有些人对这份职业缺乏应有的尊重和理解，但我们不能因此而轻视自己的价值。母亲对孩子的爱和投入是任何人都无法替代的，这份爱也是世界上最伟大、最无私的爱。

因此，家人应该给予新妈妈们更多的理解和支持，帮助她们度过这个艰难的时期。同时，新妈妈们也需要学会调整自己的心态，积极面对生活中的挑战和困难。只有这样，才能真正地享受做母亲的喜悦和幸福。

有效预防产后抑郁的方法

为了更好地迎接做母亲的挑战，并有效预防产后抑郁，新妈妈们可以从以下几个方面做好准备。

第一，要进行自我规划的调整。人生目标、职业状况和生活方式都需要根据新的角色进行适当的转变。例如，有的妈妈过去从事快节奏、高压力的工作，生了宝宝后，她们选择重新规划自己的职业道路，可能转向更加灵活的工作方式，或是利用空余时间学习新的技能，如心理咨询、营养学等。这样既能实现自我价值，又能兼顾家庭和孩子。

第二，要学会接受并平衡母亲的角色与自我的角色。孩子的到来无疑会占据我们大量的时间和精力，但这并不意味着我们要完全放弃自我。在孩子出生后的前几年，母亲的角色可能会占据主导地位，但在这个过程中，我们仍然可以学习新知识，提升自我，让自己不断成长。记住，我们不仅仅是母亲，更是独立的个体。

第三，要培养对孩子的爱。不要期待自己从一开始就会深深地爱上孩子，这种情感是需要时间和互动来培养的。随着与孩子相处的日子的增多，你会发现自己越来越爱这个小生命。

第四，寻找应对育儿压力的方法。育儿确实是一项艰巨的任务，但我们不能因此就让自己陷入无尽的疲惫和焦虑中。学会寻求帮助是非常重要的，可以请家人或朋友帮忙照顾孩子，给自己留出一些休息和放松的时间。哪怕只是短暂的片刻，也能帮助我们恢复精力，更好地面对育儿挑战。

第五，与其他妈妈交流也是一个很好的方法。和社区中的其他妈妈分享育儿经验，交流心得，不仅能让我们感到不再孤单，还能从中学到很多实用的育儿技巧。参与到网络社群中交流也是一个不错的选择，你会发现有很多人和你有相同的困惑和喜悦。

第六，新妈妈们也要学会放手，让爸爸们参与到育儿工作中来。很多时候，爸爸们并不是不想帮忙，而是被妈妈们“拒之门外”。给爸爸们一些机会，让他们也能体验到育儿的乐趣和辛苦，这样不仅能减轻妈妈的负担，也能让家庭关系更加和谐。

人际止损：隔离侵害自己的人

> 抑郁者的攻击性无法朝外，只能转向自身。在疗愈的过程中，更需要特别保护好自己。

在生活中，我们会与各种人打交道，但并非所有关系都值得维系。事实上，许多抑郁者的创伤源于人际关系的直接或间接影响，因此要从人际关系的调整入手。

真实的情况是，越是关系亲密的人，所带来的伤害往往越大。这包括家人、朋友、同事、领导、爱人、室友等，在与这些人的互动中，有抑郁倾向的人往往会遭受这些关系中具有某些特质的人的侵害或剥削。

保护自己，远离三种人

以下三种类型的人给抑郁者带来的伤害往往较大。

1. 过于自恋的人

这类人自我感觉良好，常常自以为是，不顾及他人的感受，并积极让自己成为他人关注的焦点。而偏于抑郁的人往往渴望他人的关心和照顾，但因为自身原因无法做到，因此很容易把这份渴求投射到他人身上。而过于自恋的人恰恰将抑郁者的照顾视作理所当然，导致得到者所求无度，付出者精疲力竭。

2. 习惯指责的人

抑郁的人很容易在言行的某个细节上被他人抓住点评的机会，这对喜欢指责批评他人的人来说，似乎更加得心应手。这些批评者通过批判他人来获得道德上的制高点和心理上的优越感、安全感，这对被动社交的抑郁者来说，堪称灾难。

3. 无边界感的人

很多无边界感的人，比如一些对工作任务界定不清晰的领导、不顾及子女隐私权的父母或长辈等，常常一步步打破对方的隐私空间，这给自我边界保护较弱的人很大压力。他们常常会因为对方的一点点暗示，就会习惯性地进行配合。

克服人际关系断舍离中的心理障碍

要想做好人际关系的断舍离，我们首先需要克服以下几个深层次的心理障碍。

首先，是讨好倾向。许多抑郁的人往往有一种强烈的讨好欲望，似乎觉得对别人的情绪负有责任。他们试图通过讨好来换取关爱，但往往得不偿失。这种倾向不仅让他们背负了沉重的人际压力，还让他们陷入了无休止的情绪付出之中。为了克服这一点，我们需要学会正视自己的需求，坚守自己的底线，不再为了迎合他人而牺牲自我。

其次，是冲突回避倾向。这种倾向往往源于童年时期的创伤经历，使得人们对冲突和紧张氛围格外敏感。他们害怕面对冲突，甚至选择逃避。但逃避并不能解决问题，反而可能让问题变得更加复杂。我们需要学会正视冲突，勇敢地表达自己的观点和感受，通过沟通和理解来化解矛盾。

再次，是害怕自己不合群的心理。抑郁的人常常认为自己不合群，但这种想法往往只是自我设限。我们应该认识到，每个人都有自己的独特之处，不必强求融入每一个群体。找到与自己契合的人，建立真正有意义的人际关系，才是最重要的。

最后，是“强迫性重复”心理。这种心理使得我们不自觉地重复过去的模式，即使这些模式并不健康。为了打破这种循环，我们需要有意识地觉察自己的行为模式，勇敢地尝试新的生活方式，与那些真正滋养我们的人建立健康的人际关系。

亲近滋养型的人际关系

我们成功为自己腾出空间后，就可以开始引入那些新的、有滋养作用的人际关系了。比如与那些生活阅历丰富、性格成熟稳重的人交往。他们如同沉稳的航船，在生活的风浪中屹立不倒，深知人生的起落都是暂时的。他们内心强大，对别人的情绪有着深厚的承载力，不会因我们的负面情绪而退缩。

同时，我们也应寻找那些富有同情心的人。抑郁的人渴望被世界温柔以待，而真正能够温柔对待我们的，往往是那些能够设身处地理解我们感受的人。他们的关怀和理解，如同温暖的阳光，能够驱散我们内心的阴霾。

此外，边界感清晰的人也是我们理想的选择。他们原则明确，不会越界侵犯他人的空间，也不会轻易被他人利用。与他们相处，我们不必担心被伤害，能够感受到关系的互惠和平衡。这样的关系，才能真正滋养我们的心灵。

面对那些似乎无法回避、短期内难以割舍的关系，我们确实需要更多的智慧和勇气来应对。以父母为例，这一关系在人际网络中无疑是最为复杂且微妙的。

我们常听人说，父母的爱是无私的、伟大的、不计回报的。然而，现实生活中，并非所有的父母之爱都如此纯粹。就像《欢乐颂》中的樊胜美，她的父母重男轻女、贪婪自私，对她的生活和工作几乎漠不关心，只关心她能否满足他们的金钱需求。这种父母对子女的情感索取远远超过了正常的关爱，仿佛成了子女生命中的“吸血鬼”。

对于这样的家庭关系，我们不能选择逃避，但也不能一味忍受。我们需要勇敢地为自己设定界限，逐步远离这种不健康的关系。这并不是说要完全割裂与父母的联系，而是要在尊重和理解的基础上，保护好自己的情感和利益。

同样，对于工作中苛责消耗我们的领导、生活中的损友及偏执的伴侣，我们也需要有勇气去割舍。一段好的关系，应该是双向的尊重与爱，是付出和接纳。它应该能让我们成长、变好，让我们在向上的道路上走得更顺畅。而那些不断压榨我们、贬低我们的人，无论关系多么亲近，我们都应该坚决远离。

这就好比我们买了一双昂贵但不合脚的鞋子，不能因为它的价格或我们喜爱，就强迫自己的脚去适应它。相反，我们应该尽快放弃这双鞋子，去寻找真正适合自己的那一双。

人生的旅程短暂而珍贵，我们没有必要把时间浪费在那些消耗我们、让我们感到痛苦的关系上。只有勇敢地舍弃那些不合适的“鞋子”，我们才有可能找到真正适合自己的“鞋子”，建立起健康的人际关系，让我们的生活更加美好和充实。

环境滋养：让自己的居所整洁有序

除了人际环境，居住环境的整洁也对抑郁者的康复有着积极的影响。

抑郁者的内心与脏乱的环境相互强化

抑郁与灰尘似乎存在着微妙的联系。在许多抑郁者的梦中或其潜意识的探索中，常常出现灰扑扑的旧房子和满是灰尘的房子，而他们真实的住所也常是脏乱、无序的。这既因为他们缺乏精力打扫，也是他们潜意识中对内心这种状态的图像化映照。

然而，脏乱的环境又会反过来加剧抑郁，那些看似微不足道的杂物和污渍，足以熄灭生活的热情与希望。对于自责和自卑的抑郁者来说，它们更像无情的提醒，暗示着自己的失败与无能。因此，改善居住环境，使之整洁有序，对于抑郁者的康复同样重要。

我们在生活当中，经常会通过不断地获取、占有来获得某种安全感和满足感。其实，我们的生活中充满了垃圾，那些我们并不需要的衣服、本应该扔掉的食物，还有情感生活中的那些伤害，那些该断掉的、该舍弃的，就让它们离开吧！

邻居萍萍最近向我抱怨和老公的争吵，起因是她购物狂热导致家中杂乱。快递不断，战利品堆积如山，不仅占据了老公的私人空间，更让家中变得一团糟。两人因此频发争执，老公感到失去了原本简单整洁的生活氛围。

整理环境，就是整理内心

日剧《我的家里空无一物》中的麻衣从小生活在杂物堆积的环境中，因此决心改变现状。她精简物品，让生活空间变得宽敞。这种生活方式不仅让她拥有了舒适的生活环境，更让她学会了如何掌控自己的生活。

家，本应是心灵的港湾，是整洁与宁静的代名词。然而，在现实生活中，我们往往因为各种原因让家变得杂乱无章。或许，我们应该向麻衣学习，让家回归本真，成为我们心灵的慰藉。那些我们并不需要的东西不买、不收；处理掉堆放在家里没有用的东西；远离对物质的迷恋，舍弃对物品的执着，让自己处于宽敞舒适、自由自在的空间。

如果对你而言，你所居住的空间并不是一个能让你感到宽心、愉快且内心得到疗愈的地方，那也许你的家就真的需要整理了。你可以试着在一个周末，让断舍离与一个崭新的你相遇。

行动起来，净化自己

面对堆积如山的物品，我们需要逐一甄选，然后舍弃。这是最难的一步。对这些曾耗费过我们时间与心血的物品，我们往往会心存依赖，舍不得丢弃它们。对于抑郁的人来说可能难度更大，因为这意味着要做思考、做决定，承担起基本的生活责任……对于普通人来说只是整理房间，但对于抑郁的人来说是要穿越一片痛苦的荆棘：

我们逃避现实，害怕麻烦，房间太乱，不知该如何下手；

我们执着于过去，这些东西曾带给过我们温暖或悲伤的回忆，让我们一直缅怀于心，反复消耗我们的能量，这也是另一种形式的逃避现实；

我们担忧未来，担心未来有一天还会需要用到它。

其实，人生就是减法，我们每天都在与昨天告别，而那些最后留下来的才是真正值得我们珍惜的。舍弃那些多余的物品，摆脱生活带给我们的那些过多的限制与制约，“美就是净化过剩的过程”。

进行断舍离的注意事项

家，这个温暖的港湾，是我们与家人共同生活的空间。在进行断舍离时，我们必须深思熟虑，充分考虑到每一位家庭成员的感受。以下是我针对家庭断舍离的一些建议，希望能对你有所启发。

首先，我们要明确家庭整理的原则。我们可以按照房间逐一进行整理，避免一次性面对庞杂的物品而失去头绪。在每个房间内，我们可以将物品按照类别进行铺陈，然后仔细审视每一件物品，根据自己的喜好和需求来决定是保留还是处理。在这个过程中，我们要牢记只保留那些自己真正喜欢、真正需要的东西。此外，对于同品类、有雷同的物品，我们只需要保留一样，避免重复和浪费。

特别需要注意的是，衣物的整理往往是断舍离中的一项大工程。我们需要勇敢地处理掉那些不喜欢的、掉色的、廉价的、过时的、设计奇怪难以搭配的衣物，以及那些很久都没再穿过的衣物。通过这一过程，我们不仅能够让衣柜变得更加整洁有序，还能帮助自己认清自己的真实需求。

其次，在进行整理时，我们还需要充分考虑到家人的需求。家是家人共同的空间，每个人都应该在这里感受到归属感和被重视感。因此，在整理的过程中，我们要尊重家人的意见和习惯，确保他们的收纳空间得到合理的分配。例如，在分配衣柜空间时，我们要避免只考虑自己的需求而忽略了家人的感受。我们要根据家人的身高、喜好和收纳习惯来合理分配空间，让每个人都能方便地找到并取用自己的物品。

再次，我们还要学会在生活习惯上求同存异。每个家庭成员都有自己独特的生活习惯和喜好，这是很正常的。在进行断舍离的过程中，我们不应该强求家人完全按照自己的标准来行事。相反，我们应该尊重彼此的差异，学会相互理解和包容。只有这样，我们才能在保持家庭整洁的同时，维护家庭和睦的氛围。

最后，我要强调的是，断舍离本质上是一场心理重建的过程。在这个过程中，我们不仅要面对物质的诱惑，还要克服内心的贪婪和不舍。因此，我们需要定期审视自己的物品和行为，不断反思和调整自己的态度。同时，我们也可以通过阅读极简主义的书籍来汲取灵感和动力，帮助自己更好地坚持断舍离的理念。

尽管断舍离是一个漫长且充满挑战的过程，但只要我们持之以恒地坚持下去，就一定能够收获一个更加整洁、舒适和温馨的家庭环境。在这个过程中，我们不仅要关注物质的整理，更要关注心灵的成长和蜕变。

越忠于自己的内在感受，距离抑郁越远

> 当我们能够勇敢地面对自己的真实感受，不再为了迎合他人而忽略自己时，我们才能真正找到内心的平静和力量。

在处理人与人之间的关系，或是改变生活环境时，我们着重通过“外部工作”来影响内心。其实，“内部工作”在改善抑郁方面更为重要。

当我们深入探索抑郁的根源时，会发现一个让人心痛的共通点：那些深陷抑郁的人很难打开心扉，真实地聆听和表达自己的内心世界。

失去与真我的连接，抑郁就来提醒你

当一个人长期受到伤害而无力反抗时，他就会逐渐失去表达愤怒的能力；过度的自我苛责和外界压力，会使其无法正视自己的疲惫与厌倦，更无法追求内心的真正所求；情感长期被忽视，会导致其对自己甚至对自己的情绪感到陌生；而对负面情绪的压抑，更让

其无法坦然面对自己的情感。

因此，抑郁的人常常在人际交往中优先考虑他人的感受，而忽视了自己的需求。他们习惯于为别人的行为找理由，用善良和包容来回应伤害；他们过于珍视他人的善意，常常以加倍的付出作为回报；在利益冲突面前，他们宁愿牺牲自己的利益，以维护和谐的关系。然而，在这个过程中，他们却很少关心自己是否真正舒适和快乐。

要走出抑郁的阴影，我们需要学会更加关注自己的内心感受，敢于表达自己的需求和情感。我们只有真正忠于自己，才能找到内心的平衡和幸福。

阿雅是一位多才多艺的艺人，她以独特的主持风格、动人的歌声和出色的演技赢得了广大观众的喜爱。然而，在这光鲜亮丽的背后，阿雅也曾经历过一段黑暗的时光——与抑郁情绪斗争。正是这段经历，让她更加深刻地认识到，忠于自己的内在感受，是远离抑郁的关键。

阿雅自幼深受父母的喜爱，尤其是父亲老年得子，对她的成长寄予了深厚的期望。在求学期间，她凭借出众的外在形象和才华，早早踏入综艺圈，开始了自己的主持生涯。然而，初出茅庐的她并不自信，每次上台前都会紧张得颤抖、出冷汗。她努力讨好观众，希望成为大家心目中的“阿雅”，却忽略了自己真实的感受。

随着《锉冰进行曲》的走红，阿雅的事业达到了巅峰。但在光鲜亮丽的娱乐圈中，她感到自己像是一只外表普通的“丑小鸭”。为了事业的顺利继续，她不得不扮演搞笑的“女丑”角色，但其内心的煎熬却无人能懂。同时，父亲遭受病痛的折磨也让她倍感压力，只要手机一响，她就会担心是医院打来的坏消息。在这样的双重压力下，阿雅患上了轻度抑郁症。

她曾这样描述那段黑暗时光："对我来说，那种感觉就像我身上有一个伤口，直到它里头化脓了，我才意识到之前没有好好照顾它。"这个伤口一直存在，却因为她的忽略而变成了抑郁症。她感到自己像是被困在了一个无法逃脱的旋涡中。

父亲的离世成为阿雅人生中的一个转折点。她决定离开熟悉的一切，出去游学，让自己慢下来。在游学的过程中，她开始正视自己一直以来的紧张和痛苦，重新整理自我和人生，逐渐找回了内心的平静和力量。

游学结束后，阿雅继续回到主持岗位，但她不再愿意在搞笑综艺节目中扮演大家期待的角色。她想做有意义的、有趣的节目，表达自己的真实想法和感受。于是，她发起了《奇遇人生》这档纪录片形式的综艺节目，让观众看到了一个更加真实、有深度的阿雅。

在这档节目中，阿雅感觉做回了自己。她认为，只有忠于自己的内在感受，才能表达出真正有意义的东西。这种态度也体现在她后来的节目《很高兴认识你》中，她希望通过这档节目让更多的人了解和感受到不同的生活方式，找到真正适合自己的生活方式。

现在的阿雅，越来越看重真实的力量。遇到不能接受的事情时，她会直接表达出来，而不是像过去那样硬着头皮接受。她明白抑郁情绪依然会起起伏伏，但她开始有意识地提醒自己不要再钻死胡同，为难自己。

阿雅的成长经历告诉我们，越忠于自己的内在感受，就会离抑郁越远。当我们能够勇敢地面对自己的真实感受，不再为了迎合他人而忽略自己时，我们才能真正找到内心的平静和力量。让我们向阿雅学习，勇敢地做自己，远离抑郁的困扰。

听从内心的声音，活出真实的自我

关于抑郁，清华大学社会科学学院院长、中国积极心理学发起人彭凯平教授建议说，人生活在社会里，是会伪装自己的。我们有时候可能出于职业需要或者受环境影响，表现出一种与我们内心不符的形象，但是不要忽视了自己内心真正的感受，一定要觉察到自己的情绪，关爱自己。

心理学家武志红深刻指出，生命的真谛在于成为真正的自己。因此，我们需倾听内心的声音，尊重自己的感受。然而，许多人往往受困于外界的评价，难以形成真实的自我。那么，如何从外界的评价束缚中解脱，转向倾听内心的声音呢?

首先，我们要珍视并尊重自己的感受。在应对外界的评价时，我们更应重视自己内心的声音，深入探索内心的想法，让内部评价系统成为我们成长的指南。

其次，我们可以从小事做起，逐步迈向自我实现。尝试列出五件长久以来渴望去做，却迟迟未能实现的事情。这些事情或大或小，或许是一顿心仪已久的美食，或许是一次说走就走的旅行。重要的是，我们要勇敢去实践，让内心的愿望变为现实。

我们在与外界的互动中，要学会尊重自己的感受。

简言之，成长就是一场内心之旅，我们需要勇敢地听从内心的声音，活出真实的自我。